语言学概论

汉语言专业留学生本科教材

高增霞 编著

暨南大学出版社
JINAN UNIVERSITY PRESS

中国·广州

图书在版编目（CIP）数据

语言学概论/高增霞编著. —广州：暨南大学出版社，2022.12
汉语言专业留学生本科教材
ISBN 978 - 7 - 5668 - 3537 - 6

Ⅰ.①语… Ⅱ.①高… Ⅲ.①语言学—高等学校—教材 Ⅳ.①H0

中国版本图书馆 CIP 数据核字(2022)第 205879 号

语言学概论
YUYANXUE GAILUN

编著者：高增霞

出 版 人：张晋升
责任编辑：姚晓莉
责任校对：刘舜怡　黄亦秋
责任印制：周一丹　郑玉婷

出版发行：暨南大学出版社（511443）
电　　话：总编室（8620）37332601
　　　　　营销部（8620）37332680　37332681　37332682　37332683
传　　真：（8620）37332660（办公室）　37332684（营销部）
网　　址：http://www.jnupress.com
排　　版：广州市天河星辰文化发展部照排中心
印　　刷：佛山市浩文彩色印刷有限公司
开　　本：787mm×1092mm　1/16
印　　张：13.5
字　　数：210 千
版　　次：2022 年 12 月第 1 版
印　　次：2022 年 12 月第 1 次
定　　价：49.80 元

编写说明

　　本教材是为汉语言专业和汉语言文学专业留学生学习"语言学概论"课程而编写的，依据对外汉语专业（本科）的教学目的和课程设置的实际需要安排内容，是语言学通论性教材。

　　本教材立足留学生群体的学习实际，注意与针对母语者的语言学概论教材和针对留学生的现代汉语教材相区别，以语言类型学的思想和方法为指导贯串各课，引导学生关注语言的共性和个性，在语言比较的范式中去认识语言、理解语言，突出专业学习特点，提高跨语言交际能力。

　　本教材共有十八课，一个学期完成。每课学习一个语言知识板块。前三课是概论，从总体上介绍语言的功能、性质、类型，第四、五课讲解语音，第六、七课讲解语义，第八、九课讲解词汇，第十到十二课讲解语法，第十三到十五课讲解语用，第十六到十八课分别介绍语言发展、语言教学和文字。

　　在体例上，每课内容以生活中的语言现象引入，介绍基本的语法术语和基础的研究方法，进一步开展知识、方法的迁移，用于分析、解决相似或相关的语言现象。每课均配有一定数量的练习题，包括知识记忆类练习、操作类练习、分析类练习，练习以观察、分析语言生活为中心，培养学生相关的逻辑思维能力。

　　"语言学概论"是汉语言专业、汉语言文学专业留学生的必修课程。

但这门课一直没有专门针对留学生的教材，本教材的编写，是对该领域教学改革的一次尝试，敬请专家和使用者斧正。

　　本教材受北京高校"双一流"建设资金资助。在编写过程中，暨南大学出版社的姚晓莉编辑给予了非常多的帮助和支持，谨致谢忱。

作者

2022 年 10 月

目 录
CONTENTS

导论 什么是语言学

一、语言学是研究人类语言的科学

人们每天都在使用语言，那么，什么是语言？人为什么能说话？为什么要这样说而不那样说？……语言学就是希望回答这些问题的科学，语言学家的最终目标是找到语言背后的规律和原则。

语言学的研究对象是人类语言，语言研究的直接目的，就是认识语言的性质、机制和规律。语言是人类特有的，与人身体的机能特别是思维能力密切相关，同时又与人的认知心理、社会文化等有着非常密切的联系。因此，语言学与哲学、逻辑学、心理学、生理学、社会学、民族学、计算机科学等都密不可分。

语言学是社会科学，但是其研究方法非常接近自然科学，重视比较、实证研究、归纳综合、定量分析、逻辑演绎等等。例如语言学家使用田野调查的方法，对某地域、某场合或者某族群所使用的语言进行细致的记录、转写和分析。借用该方法，一些濒危语言得以保存。近年来出现的语料库语言学通过对自然文本进行采集、标注、加工，建立起机器可读的语料库，利用计算机技术通过概率统计等方法研究语言。也有语言学家希望通过逻辑演绎，探索语言结构的普遍规律。

根据具体的研究内容和研究手段，语言学首先可以分为普通语言学和个别语言学。普通语言学是以世界语言为研究对象的学问。每个民族都有自己的语言，以整个人类语言为研究对象，希望找到人类语言的一般性质和规律的语言学称为普通语言学，而以某一具体的语言为研究对象的语言学则称为个别语言学或具体语言学。从目的上看，普通语言学和应用语言学又形成对立，普通语言学侧重对语言理论的挖掘，而应用语言学关注语言在各个领域中的实际应用，例如语言教学、辞书编撰、翻译、言语矫正、情报检索、语音合成等。

语言内部如语音、语义、词汇、语法、语言使用等，也都是研究的具体对象，形成语音学或音系学、语义学、词汇学、语法学、语用学等分支学科。而从外部来看，对语言与社会、语言与生理、语言与文化、语言与学习、语言与计算机等的研究也形成了社会语言学、神经语言学、文化语言学、第二语言教学、计算机语言学等分支学科。

语言学是信息科学、人工智能科学、脑科学、神经科学等诸多应用型学科的基础学科，只有当语言学中的许多规律得以揭示，这些相关学科才能得到发展。

二、语言学发展简史

自古以来，人们对语言就有着浓厚的兴趣：语言是怎么产生的，语言和思想有什么关系，人类为什么会有语言，等等。《圣经》上说，为了能见到上帝，人类商量着修建一座通天的高塔——巴别塔。这让上帝很担心，为了阻止人类，上帝就打乱了众人的语言，使他们语言不通，巴别塔的计划果然因此失败。从此世界上开始出现了各种不同的语言。这个故事说明人们很早以前就对语言产生了好奇。

不过，19世纪之前的语言研究，一般被称为语文学（Philology），研究主要为理解经典、教学经典服务，并不以语言为专门的研究对象。例如公元前4世纪，印度人波你尼（Pāṇini，或译为班尼尼）写的梵语语法《波你尼经》（或译为《八章经》），是为了解释公元前1500年的古梵文典籍《吠陀》。伊斯兰教产生后，为了维护《古兰经》语言的神圣性，人们开始研究阿拉伯语，公元8世纪波斯人西巴维希（Sibawaihi）的阿拉伯语语法著作《书》就是因此产生的。中国古代研究语言文字的学问被称为"小学"，包括音韵学、训诂学、文字学，也主要是为了阅读、解释上古文献（如孔子的《春秋》）。

16世纪以来，随着新航路的发现，遥远异邦的语言逐步引起人们的关注，欧洲的一些研究者发现远在亚洲的古老梵语与古希腊语、拉丁语非常接近，人们断定这些语言一定有着共同的来源，在进化论的影响下，很多学者如拉斯克（Rask，丹麦）、波普（Bopp，德国）、格林（Grimn，德国）、施莱赫尔（Schleicher，德国）等开始对语言进行比较以确认其亲属关系，形成语言的谱系分类。在研究过程中，语言成为单纯的研究对象，研究的依据是语音对应规律等语言规律，这就是历史比较语言学。19世纪的历史比较语言学，使语言研究进入语言学（Linguistics）阶段，语言学成为真正的科学。

1916年，瑞士语言学家索绪尔（Saussure）的学生将他上课的讲稿整理出版，即《普通语言学教程》，语言学研究从此进入现代语言学阶段。在索绪尔的影响下，语言研究的重心由历史研究转向共时研究、从语音构拟转向语言内部系统的研究。

之后，语言学得到迅速发展，各种理论、学派不断推陈出新，如以布龙菲尔德（Bloomfield）为代表的美国结构主义描写语法、以乔姆斯基（Chomsky）为代表的转换生成语法（后只称生成语法）、以兰盖克（Langacker）等为代表的认知语法、以韩礼德（Halliday）为代表的系统功能语法、以格林伯格（Greenberg）为代表的语言类型学理论等。语言学的研究领域也迅速扩大，并与计算机科学等其他学科结合，使语言研究得到更广泛的应用，焕发着更加夺目的光彩。

三、中国的语言学研究

中国传统的语言文字研究，即语文学研究，包括汉字学、音韵学、训诂学，分别研究汉字的形、音、义。

其中，汉字学、训诂学的经典著作有《尔雅》、《輶轩使者绝代语释别国方言》（简称《方言》）、《说文解字》、《释名》等。《尔雅》大约成书于秦汉之间，是中国第一部解释词语的专书。《方言》的编者是西汉末年的扬雄，这是世界上第一部方言专书。《说文解字》的作者是东汉的许慎，该书是中国第一部字典。《释名》成书于东汉末年，作者是刘熙，书中解释了词语的得名理据。

音韵学的研究从东汉出现反切的注音方法开始，南朝齐梁之间沈约等人发现了汉语"平上去入"四个声调，隋朝陆法言编写了《切韵》，唐末五代时期沙门守温发明了三十字母（即汉语的三十个声母），宋元时期盛行等韵学，宋代陈彭年等修订的《广韵》，丁度等修订的《集韵》，元代周德清的《中原音韵》都大大推进了音韵学研究。

"小学"研究在清代达到顶峰，出现了钱大昕、顾炎武等一大批著名学者，形成了以段玉裁、王念孙、王引之等为代表的乾嘉学派。加之甲骨文等考古发现，在中古音、甲骨文等古文字、训诂解经等方面都有重大突破，留下了《广雅疏证》《经传释词》等研究文献。

中国现代语言学的出现，一般认为是以 1898 年马建忠《文通》（一般称为《马氏文通》）的出版为标志。《马氏文通》是中国第一部语法专著。其后更多的学者开始运用现代语言学理论方法研究汉语，尤其是汉语语法，在 20世纪 30 年代出现了一个语法研究的小高潮，产生了一批有影响的著作，例如杨树达的《中国语法纲要》、王力的《中国现代语法》、吕叔湘的《中国文法要略》、高名凯的《汉语语法论》等。

中华人民共和国成立之后，汉语语法学、修辞学、音韵学、方言学等在借鉴西方现代语言理论和方法的基础上取得了较大成绩，对少数民族语言的调查研究也逐步开展。其中，汉语语法研究出现了几次比较大的争论，如 20 世纪50 年代的汉语词类问题的争论、主宾语问题的争论、单复句划分的讨论等，使研究者强化了挖掘汉语特点的信念。20 世纪 80 年代，描写语法风行，产生了《现代汉语句型》等著作。进入 21 世纪，生成语法、格语法、认知语法、逻辑语义学、语言类型学等各种理论、方法被广泛传播使用，研究者更重视理论创新和方法创新。

中国 56 个民族有 80 多种语言，方言众多，这些都为语言学研究提供了丰富的资源，可以说中国的语言学研究大有可为。

卍 **思考与练习** 卍

1. 为什么要研究语言？你认为语言学有什么用处？
2. 向同学介绍一位你熟悉的或敬佩的语言学家。

第一课　语言的功能

那时，天下人的口音、言语，都是一样。

他们往东边迁移的时候，在示拿地遇见一片平原，就住在那里。

他们彼此商量说，来吧，我们要做砖，把砖烧透了。他们就拿砖当石头，又拿石头当灰泥。

他们说，来吧，我们要建造一座城和一座塔，塔顶通天，为要传扬我们的名，免得我们分散在全地上。

耶和华降临，要看看世人所建造的城和塔。

耶和华说，看哪，他们成为一样的人民，都是一样的言语，如今既做起这事来，以后他们所要做的事就没有不成就的了。

我们下去，在那里变乱他们的口音，使他们的言语彼此不通。

于是，耶和华使他们从那里分散在全地上。他们就停工，不造那城了。

因为耶和华在那里变乱天下人的言语，使众人分散在全地上，所以那城名叫巴别（就是变乱的意思）。

——《圣经》[①]

在《圣经》"巴别塔"的故事中，语言有一种让上帝也害怕的力量。那么语言都有哪些作用呢？对于这样的问题，学外语的人会比较熟悉，因为常常被问到，回答起来也轻车熟路：语言是一种工具。确实，对于语言来说，工具性是其最重要的功能特征。

[①]　转引自王卫红．简明心理学．北京：首都经济贸易大学出版社，2012：201.

一、语言是人类最重要的交际工具

语言最基本、最主要的功能是传情达意、传递信息。在人际关系中，"说话"具有非常重要的作用，下面两段话里"不搭腔"的情况都有使对话人"断交"的危险：

（1）这几个月尽管我努力回避，可仍见过他几回，有时在村街上，有时在江边，我们彼此望一眼，并不搭腔，陌如路人。（尤凤伟《石门夜话》）

（2）陈玉英笑得不自然，说得也离谱儿："我刚走穴回来，挣了点儿劳务费，想念金枝妹妹，跑来看看她，顺便给小兴兴买点儿玩意儿，小礼物。"谁也不搭腔，十分尴尬。金枝心想，不管咋说，陈玉英也是我的老师，是冲我来的，不能让人家下不了台！赶紧打圆场："得，这下子小兴儿可是发大财啦！"（陈建功、赵大年《皇城根》）

汉语里"不搭腔"就是"不说话"的意思，例（1）"他"和"我"是父子关系，闹了矛盾，互相不说话，结果形同路人。例（2）客人说话没人"搭腔"，场面十分尴尬。这两个例子说明，说话在维持人际关系、沟通情感方面发挥着重要作用。

人类是群居动物，虽然每个人都是独立的个体，但语言可以让这些个体心意相通，协商解决难题，团结起来做事情。巴别塔传说中，语言在沟通彼此上的力量使上帝都感到畏惧。

不过，人们在传情达意的时候，有很多手段可以使用，手势、眼神、表情都可以传递信息，人们还能利用旗子、暗号、铃声等工具传递信息，例如中国古代有一个"烽火戏诸侯"的故事，说的就是在古代人们通过点火来传达敌人来了的消息。但是在人类可以使用的诸多传情达意的手段中，语言是最重要、最基础、最方便、最强大的一种。其他交际手段都可以辅助语言进行交际，但是不能代替语言的地位。

语言这种工具也是人类特有的。俗话说"人有人言、兽有兽语",人无法用语言和动物沟通。虽然,通过训练,马戏团的驯兽师可以给动物发出指令,让动物做出动作;通过训练,主人也可以让宠物明白一些指令,让鹦鹉之类的动物"说话",但是除此之外,人和动物之间无法用语言进行其他交流,动物也不能通过学习掌握、使用人类的语言。因此,语言是人类特有的、最重要的交际工具。

二、语言是重要的思维工具

在巴别塔的故事中,人们通过说话来表达自己的思想,提出解决问题的方案,因为人们可以通过语言进行思维活动。

思维是大脑对客观现实进行反映的活动。人区别于动物的一个重要特征,是人能够分析、推理、判断。正因为人类具有思维能力,所以人类可以透过现象看本质,能够掌握自然界的规律,进而让自然界为我所用。

思维有具象思维和抽象思维之分,其中抽象思维更为高级。有些动物似乎也具有一定的思维能力,例如黑猩猩为了能顺利吃到白蚁,会先用手指头把白蚁洞扩大,然后找到一根草秆或者细木棍,伸到白蚁窝内,等白蚁爬满草秆或者木棍后,再拿出来,吃掉上面的白蚁。黑猩猩能认识到白蚁的习性,并且能想办法达到目的,说明它具有一定的思维能力,但是这些仅仅是动作思维、具象思维,而不是抽象思维。

一般认为,动物无法像人类一样进行抽象思维,无法开展科学研究,其中一个重要的原因是人类有语言,而动物没有。

语言在人类思维活动中,起了重要的作用。首先,语言可以用词或词组表达概念。没有这些概念,抽象思维就无法进行。其次,判断、推理等思维过程需要使用语言。在生活中我们有时会看到有人在思考问题的时候自言自语,就是这个原因。最后,抽象思维的结果需要使用语言表达。语言使得文化积累成为可能,没有语言,人们也能进行抽象思维,但无法表达它们。人类思维是用语言进行的,也以语言的形式表现出来,同时通过语言传递。也就是说,思维的整个过程都离不开语言。

语言帮助人的思维活动，语言中的一些特殊结构在某种程度上影响了该语言社团的人的思维习惯，形成某种思维定式。

很多研究者都注意到语言对思维产生的影响。在澳大利亚北部约克角城西一个叫波姆普劳（Pormpuraaw）的部落里，研究者让站在身旁的 5 岁小女孩指出北方，她毫不迟疑、准确无误地指了出来。后来研究者在斯坦福大学演讲时，要求听众闭上双眼，然后指出哪边是北。这些听众都是杰出的学者，但很多人却无法完成，指什么方向的都有。原来波姆普劳的人说的库塔语（Kuuk Thaayorre）与英语等语言不同，这种语言没有"左""右"之类的词，只有"东""南""西""北"等表示方向的词。他们会说"杯子在盘子的东南面"或者"你西边的脚踩到我了"。因此他们养成了迅速辩认方向的能力。我们分析大自然，将其组合成概念，然后赋予它们意义，并在语言形式中保存下来，只有遵守这种组织和分类方式我们才能开口讲话。

但是，思维活动是独立于言语活动的过程，概念结构并不依赖语言而存在，例如病理语言学研究证明了语言能力和推理能力可以分离。人们观察发现，患威廉综合征的儿童可以使用各种有一定难度的词汇滔滔不绝地讲话，但无法进行一般的推理。而有的研究也发现，当人在语言功能受到损害时，其思维能力似乎并没有受到太大影响。墨西哥有一个叫尤德凡索（Udefonso）的 27 岁的聋哑青年，他没有学过任何形式的语言，但他有极好的数字概念，能算钱、玩牌，说明他完全具有抽象思维能力。创造性思维过程的产生也不一定是以语言为媒介，例如物理学家法拉第（Faraday）并没有经过专门的数学训练，但他因为把电想象成经过空间的线条而发现了电流和磁场。

人们在交际的时候，要把一个想法传达给他人，能够编码的只有部分信息，很多信息、内容需要听话者自己去补充，因此交际的成功很大程度上取决于交际双方的共有知识，以及根据这些共有知识进行的恰当推理和判断，这些都不是在话语层面上表现出来的。

因此语言和思维其实是一种双向交流、双向影响。迄今为止，人脑这个

"黑匣子"的运作机制还没有被人类所掌握，人类对思维过程的理解也还是片面的。语言在思维过程中的作用，还待进一步研究。

三、语言是人类社会构建和文化传承的工具

语言存在于人类社会中，语言本身就是一种社会现象。语言对于社会的建立、社会的运行和社会的传承，都起着重要的作用。

语言是一种社会现象，脱离了社会，语言就没有存在的价值。世界上有很多消失了的语言以及正在消失、濒临灭绝的语言。这些语言之所以消失或者濒临灭绝，只有两个原因：使用这种语言的族群消失，或者这种语言不再被使用。例如楼兰古国神秘消失后，楼兰语也随之消失了。2010 年，随着孟加拉湾安达曼群岛中一位名叫 Boa Senior 的老人去世，当地 Aka-Bo 部族语言也因为这最后一位使用者的去世而消失。

语言为社会而生，脱离了社会就不能存在，反过来，没有了语言，社会也将无法成为社会。语言对于社会的维持和发展至关重要。

一个社会，无论是政治、军事、法律、经济，离开语言都是不可想象的。人和人之间、组织和组织之间、集团和集团之间，离开语言也是无法想象的。人们在生活中积累的经验、发展的技能、对事物的思考，也都需要使用语言来包装并一代代传承下去。

语言本身也是一种文化现象，是人类文明的重要组成部分。例如在中国，除夕的年夜饭上一定要有鱼，因为"鱼""余"同音，意味着"年年有余"。春节贴春联，要把"福"字倒着贴，因为"福到了"。有些建筑上没有"4"这个数字，因为"4"和"死"同音，不吉利。而车牌号、手机号、房间号有"8"则很受欢迎，因为"8"和南方方言的"发"同音。在民间，如果有小婴儿夜哭不止，就在纸上写"天皇皇、地皇皇，我家有个夜哭郎，过往君子念一遍，一觉睡到大天光"，贴在路口、树上等地方，让过往的路人念一念。可见，有些跟语言有关的习俗，是跟语言崇拜有关系的。

语言是认识、了解文化的窗口。不同民族的文化对语言也有深刻的影响，

例如东西方对待狗有不同的态度，因此形成了语言中与狗有关的不同的表达方式。例如在汉语中与"狗"有关的词语多有贬义，如"丧家狗""人模狗样""狗奴才""狗眼看人低"等；而在英语中与"狗"有关的词语多有褒义，如"doglike（忠实的）""a lucky dog（幸运儿）""work like a dog（拼命工作）"等。因此，通过语言可以了解不同的文化。

思考与练习

1. 汉语中这些跟说话有关的词语都是什么意思？你还知道哪些表示说话的汉语词汇？

搭腔　接话　拉呱　扯皮　闲聊　胡说八道　街谈巷议　造谣中伤
东拉西扯　能说会道　高谈阔论　评头论足　君子动口不动手

2. 关于语言，汉语中有这样的习语：

良言一句三冬暖，恶语伤人六月寒。
听君一席话，胜读十年书。
祸从口出，病从口入。
话是开心的钥匙。
酒逢知己千杯少，话不投机半句多。
一言兴邦，一言丧邦。
引经据典，出口成章。
三人成虎，众口铄金。

在你的语言中，有没有类似的表达？选择其中的一个或几个习语，说说其表现出的语言的作用。

3. 比较下面的汉语和英语表达，这是不是说明使用这两种语言的人在认识事物时，思维方式上有差异？

汉语：卧室书桌上的第一个抽屉里有一支钢笔。

英语：There is a pen in the first drawer on the desk in the bedroom.

那儿　是一钢笔 在……里第一　抽屉　在……上桌子 在……里　卧室

4. 盖伊·多伊彻（Guy Deutscher）在《话镜：世界因语言而不同》（*Through the Language Glass：Why the World Looks Different in Other Languages*）中提到这样一件事情：用英语表达"我昨天跟一个邻居待在一起"时，说话人没有义务说明这个邻居是男的还是女的，但是使用德语或法语，就必须在法语 voisin 或 voisiner 以及德语 nachbar 或 nachbarin 之间作出选择，这些语言迫使说话人必须说明待在一起的那个人是位男士还是女士。由此是不是可以说明，在说法语或德语的国家里，人们对性别更加重视呢？谈谈你的看法。

5. 颜色词在不同的语言中有不同的联想意义，例如，哈萨克语中表示白色的词"ak"有"忠诚、纯洁、善良、正当"等意义，如：

ak jürêk（白心）：赤胆忠心

ak kəngil（白心肠）：心地善良

ak niyêt（白心意）：真心实意

ak mal（白牲畜）：正当得来的牲畜

但是在汉语里，"白"给人的感觉却不同，如"白眼狼"常用来骂忘恩负义的人，"一个扮白脸，一个扮红脸"说的是一个做坏人，一个做好人。

（1）说一说在你的母语中，表示白色的词常常都是怎么用的？

（2）和汉语、哈萨克语相比较，你的母语中表示白色意义的词在使用上有哪些相同、不同之处？

（3）在这些用法中，找出一个你的母语中使用而汉语中不使用，或者你的母语中不使用，而汉语中使用的，看一看某种语言对该表达的缺失，对你的思维有影响吗？为什么有影响或者没有影响？跟同伴讨论讨论这个问题。

第二课 语言的性质

杨子荣：拜见三爷！

土匪：天王盖地虎！（你好大的胆！敢来气你的祖宗？）

杨子荣：宝塔镇河妖！（要是那样，叫我从山上摔死，掉河里淹死。）

土匪：野鸡闷头钻，哪能上天王山！（你不是正牌的。）

杨子荣：地上有的是米，喂呀，有根底！（老子是正牌的，老牌的。）

土匪：拜见过阿妈啦？（你从小拜谁为师？）

杨子荣：他房上没瓦，非否非，否非否！（不到正堂不能说。）

土匪：嘛哈嘛哈？（以前独干吗？）

杨子荣：正晌午说话，谁还没有家？（许大马棒山上。）

土匪：好叭哒！（内行，是把老手。）

——《林海雪原》①

上面这段对话，是电影《林海雪原》里土匪之间用他们的"行话"进行的，如果不看"翻译"，估计很多人听不明白，这是因为他们把普通人常用的语言给"掉包"了：声音还是那个声音，但是意义变了。

---

① 转引自王锦思．发现东北．长春：吉林出版集团有限责任公司，2012：132.

一、语言是一种符号

1. 什么是符号

符号也叫记号或标记，是经过约定用来代替另一种事物的物质形式。例如交通灯就是一套符号，"红灯停，绿灯行，黄灯亮了等一等"。其实红灯本身并没有"停止"的意思，是人们约定用它来表达"停止"的意思。

因此，符号的特征是：有形式和意义两个方面。意义是约定俗成的，即具有任意性。

符号是一种物质，表现为各种形式，比如声音（如喇叭、号声等）、实物（如红绿灯、国旗等）、图形（如线条、标识符等）、动作（如手势、拥抱等）。这些形式有的可以听见，有的可以看见，有的可以触摸（如盲文）。人们给这些形式规定上意义，它们就成了符号。例如古代中国的军队"闻鼓而进、鸣金收兵"，意思是，听到敲鼓就要奋力向前，听到敲锣就要停止进军，这是一种规定。离开了军队和作战场合，敲锣打鼓就不再是军队行进的符号。

符号学把符号的形式叫能指，符号的意义叫所指。能指是所指的物质载体，所指具有规定性，依赖于能指而存在。符号的所指和能指之间约定俗成的这种特征，也叫符号的任意性。

符号的使用范围可以宽，也可以窄。有些符号使用很广泛，例如红绿灯作为交通标志几乎全世界通行；而有的符号使用则很有限，比如接头暗号，就只有接头的双方明白；自己在日历的某个日期上做的标记，其意义只有自己知道。

2. 语言的符号性

语言就是人类发出的一串声音，人类用声音来传情达意，用什么声音表达什么意义，不同的语言群体有自己的约定，所以语言是一种符号。语言符号的物质形式（即能指）是人类发出的声音，称为语音；语言符号的意义（即所指）是人类传递的信息，称为语义，因此，语言是一种音义结合的听觉符号。

人类能发出很多声音，但是并不是所有的声音都是符号。比如小婴儿会发出各种咿咿呀呀的声音，但是人们常常不知道小婴儿在表达什么，因为婴儿发出的声音不在人们的语言符号系统里。但是如果一个婴儿开始发出"ma""mum"之类的声音时，人们会很兴奋地说：看，孩子会说话了，会叫妈妈了！因为"ma""mum"被约定表达"妈妈"的意思。

当说话的人离得太远或者声音太弱，对方不能接收到他的声音时，就不能知道他说的是什么。当然，当我们听到不想或者不能听到的事情时，常常会说"我听不见""我可什么都没听见"。

语言也是人类最重要的传递信息的符号。人类在表情达意、传递信息的时候，有多种符号可以使用，比如表情、手势、动作、眼神、衣服、饰物、文字等。例如：

(1) 大家鼓掌表示欢迎。

(2) 紫鹃看着不好，连忙努嘴叫雪雁叫人去。

(3) 同学会上看见他无名指上戴着戒指，原来他已经结婚了。

(4) 外墙上写了一个大大的"拆"字。

这些句子中，"鼓掌""努嘴""戒指"" '拆'字"都是符号，可以用来传递意义，但是这些符号都不如语言符号方便、灵活、丰富，也都不可能代替语言符号。相对来说，文字是很复杂的，一个人不识字就没办法理解文字所代表的意义，但是他仍然可以正常通过语言进行交际。

3. 语言符号的任意性和理据性

和其他符号一样，语言符号的形式和意义之间没有必然的联系，也是约定俗成的。这一特征称为语言符号的任意性。

广东话里把没办法跟对方沟通叫"鸡同鸭讲"，因为"鸡"和"鸭"叫声不同。表达同样的东西，不同语言群体可能会使用不同的符号，比如太阳，汉语普通话是"tàiyáng"，但英语里叫"sun"。即使都是汉语，不同方言中称呼也不同，如：

（5）日头出来了，起床吧。（河南南阳）

（6）月嫁都晒住屁股啦，快点起来吃饭！（河南邓州）

（7）今天的老爷儿太厉害了，我早晨出门忘涂防晒了。（河北保定）

（8）可不是，今天我妈给我打电话，还说家里天天下雨，我就说我这边天天都是佛爷儿高高地！（河北涞水）

同一种方言，时代不同，可能说法也不同。例如上面例子中，"月嫁"是河南邓州老年人的说法，年轻人就很少这么说。现代汉语普通话里叫"太阳"，但是古代汉语里叫"日"，例如"夸父追日"。

反过来说，同样一个声音，在不同的语言中会有不同的意义。例如"mí"，在汉语里可以表达"谜"的意思，在藏语中是"人"的意思，在英语中可表达"我吗？"（me?）

可见，语言符号的语音和语义之间没有必然的联系，这就是语言符号的任意性。听到孩子咳嗽，妈妈经常担心地问："怎么咳嗽啊？是不是感冒了?"咳嗽是感冒的症状，咳嗽和感冒之间有因果关系，也就是它们之间存在理据性，"感冒"的含义不是人们加到咳嗽这种声音上面的，所以咳嗽不是符号，也不是语言。

但是有些语言符号音义之间确实是有联系的，如：汉语里把猫叫"māo"，因为猫这种动物的叫声是"miao"，形式"māo"和意义"猫"之间是有联系的，意义可以从形式中推导出来。这种情况，称为语言符号的理据性。

不过，语言符号的理据性是以任意性为前提的。例如，猫这种动物，在汉语中虽然叫"māo"，但是在英语里叫"cat［kæt］"，在俄语里叫"кошка［kwɔʃika］"，在韩语里叫"고양이［koyangi］"，后三者跟猫的叫声没有关系。

4. 语言符号的线条性

人们说话时，总是一个音接着一个音发出，不能两个或多个音一起发出；总是一个词接着一个词说，一句话接着一句话说，这体现了语言符号的线条性，即语言符号只能在时间的链条上顺次呈现。

语言符号的线条性是由人的生理特征决定的，因为语言是一种声音符号，人们在发音的时候，只能一个音一个音地发出，因此，语言符号只能在时间的维度上展开。

语言符号的线条性对语言的面貌产生了巨大的影响。虽然人类所处的世界是三维的，但是人们在表达的时候，只能将语言安排成线性形式，必须分出先后。例如有三个人坐在一起，要把这三个人都介绍出来，画画的人可以把三个人在一个画面上同时展示出来，但是说话时就必须依次说出每一个人。画面上也可以把三个人的表情、样貌、动作、位置等同时展现，但是用语言介绍时，就需要分开，一个方面一个方面地说。

由于语言在时间的链条上展开，人们对语言的接收、理解也是在时间上展开的，不能自由地选择先听什么或者不听什么。在接收声音符号的过程中，任何干扰都会影响人们对信息的还原和理解。因此，文字、印刷术、电话、电影、电视、收音机、录音机等发明创造之所以在人类发展过程中重要，是因为这些技术手段解决了语言符号线条性带来的困难和不便。

由于语言符号要一个接一个顺次发出，因此，相邻的语言符号常常会互相影响。相邻的声音会产生同化、异化等变化，例如在口语中经常会有连读、变读、漏音等现象。汉语网络语言中的"酱紫"其实就是口语里"这样子"说快了的读音，再如英语口语中"going to"常被说成"gonna"，"want to"常被说成"wanna"。几个词经常放在一起使用，共同完成一个功能，这些词常常会成为一个新词，例如汉语的"恨不得"在古汉语中是"恨＋不得……"的意思（如"但恨不得枭汝首于通曜"意思是"只是遗憾不能在路上杀你的头"），在现代汉语中已经成了一个词，不再分开（如"恨不得生了翅膀飞出去"）。

5. 语言和文字

语言和文字都是符号，但是语言是听觉符号，文字是视觉符号；语言使用声音来传递意义，文字通过线条来传递意义。

常常有人把文字等同于语言，比如"我刚来中国的时候，不会说汉语，一个字都不懂""我汉语水平不好，就认识几个汉字"。不认识汉字，并不等于不会说汉语，例如没上过学的本地人，汉语是母语，他们当然会说汉语，但是他们不认识汉字，不能读书看报。所以，语言和文字是两种符号。之所以两者常常混同，是因为它们关系非常密切：文字是记录语言的，文字不能脱离语言而存在。

文字从产生之初，就是为了记录语言，使语言可以传于异时异地。因此，文字也是人类交际的重要辅助工具。

二、语言是一套符号系统

1. 什么是系统

"盲人摸象"的故事中，盲人之所以闹了笑话，是因为他们把大象的一部分看成了大象。故事中的大象其实就是一个系统。系统是由一组相互联系、相互制约的部分构成的，是具有特定功能的整体。简单地说，系统由部分组成，但又不单纯是部分的组合。

系统是由部分组成的。例如计算机是一个系统，是由软件和硬件组成的，每一部分又由更具体的部件组成。计算机有多种功能、多种类型，例如有巨型机、大型机、中型机、小型机、微型机等，不同类型的计算机也构成一个系统。

系统各部分之间是相互联系、相互制约的，具有一定的结构。例如计算机硬件是一个层级结构，运算器、控制器、存储器、输入设备、输出设备等部分按照一定的方式装配起来，互相配合才能使电脑正常运行；把每部分放在商店的货架上，就只是配件。

系统能完成特定的功能。例如计算机系统能进行精确、快速的计算和判断，而且能联成网络。计算机的软件系统能够使用户实现操作、管理等功能。

2. 语言符号的系统性

语言也是一个系统。

首先，语言包括多个组成部分。学习一门语言，需要学习它的发音、词汇、语法、语用。每一个学习板块，都是这门语言必不可少的组成部分。作为符号，语言由语音（能指）和语义（所指）构成。语音和语义又分别包括大大小小的单位。例如语音有长短不同的单位，一句话可以切出几个词，一个词又可以拆出几个音节。在语言的链条上，有大大小小的语言单位，比如语素、词、句子等。

其次，语言各组成部分之间是相互联系、相互制约的关系。语言的语音形式和语义之间、大大小小的语言符号之间，遵循一定的规则。在一种语言中发挥作用的单位，在另一种语言中并不一定有同样的作用。例如，在英语里，声音长短有区别，如〔ʃɪp〕和〔ʃiːp〕，一个表示"船"，一个表示"羊"；重读的位置不同，意义也不一样，如〔'riːfɪt〕和〔riː'fɪt〕，前者是动词，表示改装、整修的动作，后者是名词，表示改装、整修这件事情。但是在汉语里，音长一点还是短一点，重不重读基本上没影响，有影响的是音调的高低变化，例如 ma，又高又平，是"妈"；上扬的调子，是"麻"；曲折的调子，是"马"；下降的调子，是"骂"。再如，在汉语里，同辈亲属要区分性别和年龄，有"哥""弟""姐""妹"，但是英语里只区分性别，有"brother""sister"，这样在把英语翻译成汉语的时候，就需要根据具体情况分出是"哥""姐"还是"弟""妹"。

最后，语言系统具有特定的功能，即传情达意、传递信息的功能。语言所反映的社会、生活若发生了变化，语言的面貌也随之发生变化。例如古人能使用的语音形式、语言规则和现代人相比可以说已经完全不同，假如穿越到古代，是不是会感觉像进入了另一个陌生的国家？从民族繁衍层面上讲，语言是文化的载体，一种语言一旦消失，随之消失的是使用该语言的族群长久以来积累的知识和经验。例如古代在丝绸之路上有一个有名的楼兰古国，但是它似乎一夜之间就消失了，其原因至今还是一个谜。根据研究，楼兰人使用的语言叫作"吐火罗语"，这种语言早已消失了。尽管考古等研究可以说明楼兰人跟欧洲人之间有遗传学关系，但是至今仍然没有办法解开楼兰之谜。

3. 语言系统的层级性

跟所有的系统一样，语言也是一个层级装置。

我们在学习一门外语的时候，常常从语音入手，先学习这种语言是如何发音的，然后才进入对词语、句子的学习。这是因为语言系统具有二层性，可以分为上下两层，下层（或者说底层）是一套语音单位，上层是音义结合体。底层的语音单位是没有意义的，每种语言中的语音单位一般只有几十个，但它们可以按照一定的规则组合起来。上层是语音和意义的结合体，这些音义结合体也可以按照一定的规则组合起来构成更大的音义结合体。每种语言可以使用的最小的语音形式虽然数量有限，但是经过层层组合，就可以产生无数的音义结合体。人们就是使用这些有限的语音单位来表达无限的意义的。

语言的上下两层也分别具有层级性。底层的语音形式可以划分为音位、音节等单位，上层的音义结合体可以划分为语素、词、句等单位。每个层次又各成体系，形成语音系统、语义系统、语法系统、语汇系统等语言的子系统。语言的各个子系统，既各自独立，又相互影响。

语言的层级特征体现出语言系统的创造性或生成性。语言符号按照一定的规则组合，语言符号和组合规则都是有限的，但有限的语言手段可以无限地使用，具有无限的表达能力。人们可以说出一个以前从来没说过也没听过的句子，也可以听懂一个从来没说过也没听过的句子，就是因为语言是一个层级装置，是有限的语言符号和规则重复使用、层层组合的结果。

4. 语言系统的组合规则和聚合规则

语言系统是遵循组合规则和聚合规则运行的。

语言的组合规则指的是语言符号可以组合、重复使用。例如汉语中"a"可以和"n""i"等组合构成"na""an""ia""ai"等音节，它们再跟"l""li"组合成"lan""lia""lai""lian""nali""anli""aili"等。再如，英语中的"er"可以和很多动词组合，表示"……的人"，例如"worker""dancer""leader""singer""teacher""writer"等。语言符号的组合能力之强，是其他符号望尘莫及的。例如红绿灯符号，每个成员都只能单独使用，所能表达的意义也就非常有限。文字符号虽然成员很多，但是文字是记录语言的，相对于语言来说仍然是有限的，例如汉字据统计有 10 万个左右，但是仍然有一些方言词没办法用汉字写出来。

语言符号的组合功能实在太强大了，但是人们在使用的时候并不能随心所欲、任意组合，因为语言系统的运行，除了要遵循组合规则，还要遵循聚合规则。

语言符号的聚合规则要求具有相同功能或相同特征的语言符号，在使用时遵循共同的规则。例如现代汉语中"l""m"等都是浊辅音，在组合的时候只能先说，不能放在最后，即只能组成"la""ma"等音节，不能组成"al""am"等音节。英语里的"er""ist"都可以和动词组合表示"……的人"，但只能放在动词后面，不能放在动词前面。

一个语言符号，跟可以和它组合的符号或者符号组合具有组合关系；跟和它具有相同功能或相同特征的符号具有聚合关系。具有聚合关系的符号可以在相同的位置进行替换，构成不同的组合形式。例如："我学习汉语"中，"汉语"和"学习"具有组合关系，"世界语""手语""数学""语言学""技术"等和"汉语"都是在生活中可以经过学习而获得的事物，构成一个名词小类，这些词都可以替换句子中的"汉语"，构成新的句子，如："我学习世界语。""我学习手语。""我学习数学。""我学习语言学。""我学习技术。"而"学习"和"喜欢""说""教""使用"等词也构成一个小类，可以互相替换，组成新的句子，如"我喜欢汉语。""我说汉语。""我教汉语。""我使用汉语。"通过组合和替换，人们就可以利用有限的语音形式表达无限的意义。

组合关系和聚合关系是语言中的两种基本关系，每个语言符号都处在这两种关系中，相互影响、相互制约。

卍 思考与练习 卍

1. 整理并理解本课中以下术语的含义。

符号　能指　所指　语言符号的任意性　语言符号的理据性

语言符号的二层性　语言符号的线条性　语言符号的聚合规则

语言符号的组合规则

2. 判断下面句子中的画线部分哪些是符号，哪些不是。

（1）进球后，王霜都对着镜头<u>比心</u>庆祝，她的这个动作也迅速在社交媒体上成为热搜。

（2）鸾拆书看了，虽然不曾定个来期，也当画饼充饥，<u>望梅止渴</u>。

（3）看你的<u>黑眼圈</u>，你昨天晚上是不是又熬夜了？

（4）<u>五环旗</u>在主会场上冉冉升起。

（5）我家的弟弟，头特别大，大家都叫他"<u>大头</u>"。

3. 有一个笑话，说一个孩子刚学了英语"water"这个单词，就用英语跟奶奶要水喝，奶奶弄了半天才明白，就说："英国人真奇怪，水就是水，干嘛说'窝头'（water）啊？"请分析一下，奶奶说的这句话，体现了语言符号的什么特点？为什么？

4. 请思考：为什么我们能够说出别人没说过的话？为什么我们能听懂以前没有听过的话？请从语言符号的性质角度进行分析说明。

5. 请思考：人类可以发出声音传递信息，动物也能发出声音，是不是动物也有语言呢？

6. 旗语是一种利用手旗传递信号的方式，手旗部位以 360 度计，以 45 度划分变化。以下是用旗语表现出的中国船舰名称。请根据所给的资料，把表格补充完整，为其他名称设计旗语。①

---

① 图片资料来自 2016 年第五届全国语言学奥林匹克竞赛初赛试题。

哈尔滨舰（Harbin）	
济南舰（Jinan）	
沈阳舰（Shenyang）	
桂林舰（Guilin）	
青岛舰（Qingdao）	
昆明舰（Kunming）	

第三课　语言的类型

希金斯：为什么英国人不能教孩子好好说英语呢？虽然通过言语区分阶级已经过时，但先生，如果您像她那样说话，您现在可能也是个卖花的。英国人说话的方式表明了他的等级，一开口说话，若让其他人鄙视他，恐怕我们再也不能有共同语言，为什么英国人就是不能学着，给英语说得刺耳的人做个好榜样！苏格兰人和爱尔兰人说话叫人想哭，甚至在有些地方，英语已经不存在了，在美国，他们多年前说的就不是英语了。

——电影 *My Fair Lady*（汉译名：《窈窕淑女》）片段字幕①

语言是社会的产物，随着社会的产生而产生，随着社会的分化而分化。社会的分化有两种，一种是地域性的，一种是社群性的，前者会导致地域方言或者亲属语言，后者则会导致不同的社会方言。在社会发展的各个阶段，语言的分化和统一，形成了语言的多样性。

一、语言的变体

1. 书面语和口语

语言在交际使用过程中，由于交际环境不同，媒介不同，表现出不同的语言风格。最常见的是书面语和口语的区别。例如：

---

① https：//www. bilibili. com/bangumi/play/ss38687？bsource＝baidu_aladdin.

（1）老张跟他老婆去你家了啊。（口语）

（2）总统携夫人即日起前往贵国访问。（书面语）

（3）We need to know more about the missing plane. （口语）

（4）What we need is more information about the missing plane. （书面语）

书面语和口语最初只是呈现媒介不同，一个是写出来的，一个是说出来的，但是逐渐形成了两种不同的使用风格，书面语典雅庄重，口语随意通俗。这些不同主要体现在词汇上，也表现在句法结构、韵律等方面。

随着网络的普及，网络语言逐渐形成一种新的语言变体。例如"酱紫"（这样子）、"鸭梨山大"（压力山大）、"YYDS"（永远的神）、"绝绝子"（绝）等就是汉语网络语言特有的表达形式。网络语言通过网络传播，多使用键盘敲击，受制于输入法、打字速度等条件，因此常常求省求简，大量使用缩略方式。而网络的虚拟特点以及放松特征，使得网络语言带有明显的娱乐性，文字游戏化、语言娱乐化、表达狂欢化。

2. 方言和共同语

同一个民族语，在不同的地域会形成不同的地域方言。例如现代汉语根据语音特点分为七大方言区：北方方言区、吴方言区、闽方言区、粤方言区、湘方言区、赣方言区、客家方言区，每个方言区又可以细分出次方言、土语等不同级别的方言。

不同的社会群体也能形成不同风格的语言变体，称为社会方言，例如显示不同行业的行话、不同阶层的"贵族语言""平民语言"、不同年龄的"学生腔"等。"隐语"是以秘密为特征的表达形式，也是一种社会方言。

一个社会内部全体成员共同使用的语言叫共同语，例如现代汉语普通话就是汉民族的共同语，共同语常常是以某种方言为基础建立起来的。在没有方言分歧时，全体成员使用的都是共同语。方言出现后，为了交际需要，人们会选择以某种方言为通用语，通用语也是一种共同语。当社会已经高度统一时，共同语最终会取代方言。

二、语言的功能分类

世界上每个民族都有自己的语言，根据民族语（Ethnologue：Languages of the World）网站统计，截至 2022 年，世界上现存在使用的语言共 7 151 种。① 不同的语言在规范性、生命力、历史性、独立性、使用范围等方面有不同的表现。

1. 国语、宗教语言、国际组织语言

一个国家如果有多个民族，常常将某种民族语言规定为国家通用语言，称为"国语"。有的国家只有一种国语，例如中国的汉语，俄罗斯的俄语。有的国家会有几种国语，例如加拿大有 2 种：英语和法语；瑞士有 4 种：德语、法语、意大利语、罗曼语。印度的语言比较复杂，除了规定印地语和英语是全国的官方语言外，还规定了孟加拉语、乌尔都语、旁遮普语、泰卢固语等 14 种区域性官方语言。

宗教语言是描述或思考宗教现象时所使用的日常语言，如伊斯兰教使用阿拉伯语。有的宗教语言是已经死亡的语言，如天主教使用的拉丁语，东正教使用的教堂斯拉夫语等。

国际组织语言，如联合国规定汉语、英语、法语、西班牙语、俄语以及阿拉伯语为联合国正式语言和工作语言。

2. 自然语言和人工语言

大部分民族使用的语言是自然形成的，即自然语言。但有的语言是人工创造出来的，即人工语言，例如世界语。

世界语（Esperanto）是由波兰籍犹太人眼科医生拉扎鲁·路德维克·柴门霍夫（Lazarus Ludwig Zamenhof）博士于 1887 年 7 月 26 日在印欧语系的基础上发明创立的一种人造语言。采用 28 个拉丁字母书写，每个字母读音固定，每个词重音固定在倒数第二个音节上，基本词汇的词根大部分来自欧洲各民族

---

① https：//www.ethnologue.com.

语言，以 16 条基本规则为基本语法，目前是一种重要的国际辅助语。

3. 皮钦语和克里奥尔语

皮钦语和克里奥尔语是语言接触过程中产生的特殊形式。皮钦语是在土著语中夹杂外语的语言形式。20 世纪初在上海滩流行"洋泾浜"英语，如"long time no see"（长久不见）、"three piece book"（三本书）等说法。

有的皮钦语能进一步演化成克里奥尔语。克里奥尔语是混合语，在一定条件下，可以作为主要交际工具，被当作母语学习和使用，例如以法语为基础的海地克里奥尔语、以葡萄牙语为基础的澳门土生葡语和佛得角克里奥尔语等。

三、语言的谱系分类

在众多语言中，有些语言在词汇和语法材料上存在规律性的对应关系，根据这些对应关系，可以确定其共同来源。有共同来源的语言被称为亲属语言。按语言的共同来源进行的分类叫语言的谱系分类。

历史比较语言学家发现，有些语言在语音、词根等方面存在一系列对应关系，如：

俄语	голова	золото	город	голос
保加利亚语	глава	злато	град	глас
波兰语	głowa	złoto	grod	głos
释义	头	金子	城市	噪音

在这些例子中可以看到这样的语音对应关系：

俄语	-оло-	-оро-
保加利亚语	-ла-	-ра-
波兰语	-ło-	-ro-

这种对应关系由共同斯拉夫语的音组-ło-（-ro-）在不同条件下发展而成，也就是说，ropoд、rpaд、grod 都来源于共同斯拉夫语的＊grod（＊表示拟古音）。根据一系列对应关系，可以确定俄语、保加利亚语和波兰语是亲属语言，来源于共同斯拉夫语。而在日耳曼语中，表"花园"意义的英语garden，德语der Garten，与＊grod 读音很相似，它们在古代印欧语中原来的意思是"圈起来的一块地方"。可见，英语、德语中表示"花园"意义的词和俄语、保加利亚语、波兰语表示"城市"的词无论是在读音上还是意义上都有相对应的地方，这种语音、基本词汇上的共同性，说明斯拉夫语和日耳曼语也是亲属语言。

这样按照亲属关系的远近，可以把世界语言分为不同的语系、语族、语支。例如丹麦语就是属于印欧语系、日耳曼语族、斯堪的纳维亚语支（也叫"北日耳曼语支"）的一个语种。关于世界上语系的数量，比较常见的一种说法是"九大语系"：汉藏语系、印欧语系、高加索语系、阿尔泰语系、乌拉尔语系、达罗毗荼语系、闪—含语系、南亚语系、马来—波利尼西亚语系。

四、语言的结构类型

根据词的结构和形态，可以把世界语言分为孤立语、黏着语、屈折语和多式综合语（或称"复综语"）。

例如，表达"给某人东西"，在以下四种语言中使用的手段不同：

汉语	我把书给她了。
日语	私は彼女に本をあげた。（字面意思：我她书给）
英语	I gave it to her. （字面意思：我给它她）
契努克语	ɪ-n-i-a-l-u-d-am. （字面意思：我它她给）

在汉语里，每个词在使用的时候都没有什么变化，词和词之间的关系靠顺序和虚词（如介词"把"）来表示。这样的语言称为孤立语，越南语、缅甸语、马来语等语言亦属此类。

日语里，词后面会附带着一些表示特定语法意义的黏着成分，例如は表示话题身份，に表示动作对象身份，を表示宾语身份。这样的语言称为黏着语，除日语、韩语外，突厥语族、班图语系、芬兰—乌戈尔语系中的诸多语言亦属此类。

英语会通过词本身的变化来表现其在句子中的地位或身份，例如表达"我"的代词用了主格形式"I"，表示动作对象的代词用了宾格形式"it""her"，表示动作的动词用了过去式"gave"。这样的语言称为屈折语，印欧语系、闪—含语系中的语言都属于屈折语。

而北美印第安的契努克语（Chinook）表现为相当于句子的动词词形。这个词形的中心是表示"给"的动词词根 -d-，在这个词根前后加了很多词缀来表示其他意义：

I-：过去时

n-：第一人称施事

i-：第三人称受事宾语

a-：第三人称受事宾语

l-：间接宾语标记

u-：施动标记

-am：动作目的

像契努克语这样的语言被称为多式综合语。这样的语言除了北美印第安各种语言外，还有古亚细亚语、爱斯基摩语，以及高加索语系中的各种语言等。

从使用最多的语法手段看，主要使用词的形态变化手段的语言被称为综合语，主要使用词的顺序、虚词等外部手段的语言被称为分析语。俄语、德语、立陶宛语、印地语等属于综合语，汉语、英语、法语、意大利语、保加利亚语等属于分析语。

根据主语、谓语、宾语在句子中的排列顺序，可以把语言分为主动宾

（SVO）、主宾动（SOV）、动主宾（VSO）等类型。例如英语是 SVO 语言，日语是 SOV 语言，阿拉伯语是 VSO 语言。

对于世界上的语言，还有其他分类方法。人们对语言进行分类，是希望找到表面上多种多样的语言在本质上有共同的方面。可以说，语言共性是语言研究者追求的终极目标。

思考与练习

1. 整理并理解本课中以下术语的含义。

书面语　口语　方言　共同语　国语　世界语　语言的谱系分类
亲属语言　屈折语　孤立语　黏着语　复综语

2. 在汉语中，形容人说话有这样一些表达方式，这些表达方式分别表现了哪些语言变体？

（1）这个人说话文绉绉的。
（2）他说话总是掉书袋子。
（3）说话老土。
（4）他说话一股大碴子味儿。

3. 如今网络语言在生活中影响越来越大，你认为需要对网络语言进行规范吗？

4. 说一说你的母语有没有方言变体。

5. 书面语是不是就是笔头写出来的语言？口语是不是就是口头说出来的语言？说说你的母语中书面语和口语有哪些区别。请你选择一篇特别有代表性的文章（例如法律文件、商业信函等），摘出其中和口语表达有明显区别的语句，进行分析总结，并尝试解释一下为什么会出现这些不同。

6. 查找资料，看看你的母语在世界语言的谱系分类和结构类型分类中属于哪种类型。

7. 研究发现，不同性别的人在使用语言的时候表现出不同的特征，称为"性别方言"。例如 20 世纪 20 年代在北京地区青春期女性人群，尤其是女大学生中，出现了一种"女国音"现象，就是把一部分应读 j、q、x 的字，发音位置前移读成尖音 z、c、s。还有学者注意到女性在词汇的使用上也有特点，例如英语里，女性比男性更常说 darling（亲爱的）、lovely（可爱的）；男性比女性更常用 home run（本垒打）、slam dunk（扣篮）之类的运动词汇隐喻。观察你周围不同性别的人群，在语言交际时，有没有表现出性别特点？有哪些性别特点？列出你的观察结果，并尝试加以解释。

第四课　音素和音位

……于是我们从 1890 年 3 月 26 日起，开始跟她学说话。

富勒小姐教的方法是——她发音的时候，让我把手轻轻地放在她的脸上，让我感觉到她的舌头和嘴唇是怎么动的。我很用心地模仿她的每一个动作，不到一小时便学会了用嘴说 M、P、A、S、T 这 5 个字母。

富勒小姐总共给我上了 11 堂课。我一辈子也忘不了，当我第一次连贯地说出"天气很温暖"这个句子时是何等惊喜！虽然它们只是断断续续且期期艾艾的几个音节，但这毕竟是人类的语言。我意识到有一种新的力量，让我从灵魂的枷锁中释放出来，用这些断续的语言记号，掌握完整的知识并获得信仰。

——海伦·凯勒《假如给我三天光明》①

一个健全的人，也许很少会像海伦·凯勒那样感觉到，会说话是一件多么伟大、多么幸福的事情。而这一切，是从会发音开始的。

一、语音的物质属性和音素

1. 语音的物质属性

人类拥有"有声语言"，人类的语言，表现出来的首先是一串声音，这就是"语音"。语音是语言的物质外壳，它是一种物理现象，也是一种生理现

---

① 海伦·凯勒. 假如给我三天光明. 北京：北京出版社，2019：58.

象，语音在人与人之间使用，所以又是一种社会现象。

语音是一种物质，它具有物理属性和生理属性。

作为一种物理现象，语音和自然界所有的声音一样，都具有音高、音强、音长、音色四个要素。音高指的是声音的高低，汉语中"妈""麻""马""骂"的不同就在于声音高低即声调的不同，可以用调号形象地表示出来：

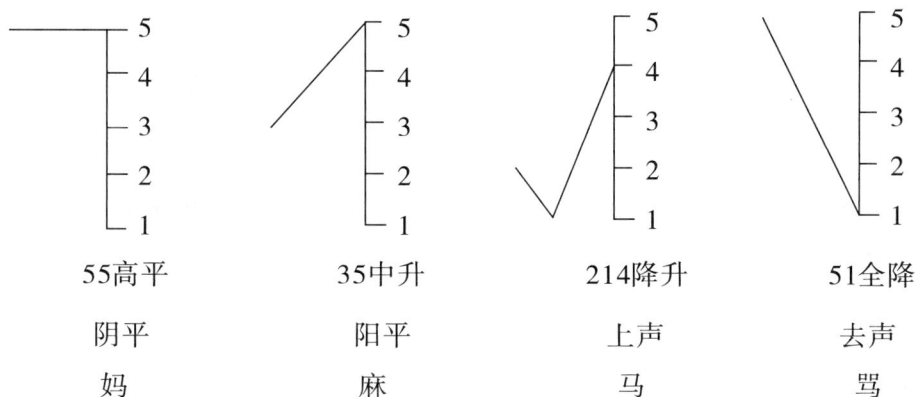

55高平	35中升	214降升	51全降
阴平	阳平	上声	去声
妈	麻	马	骂

音强即声音的强弱。声音的强弱和用力有关。为了强调一句话里的某个部分，用力去说它，就形成了句子的重音；用力说词里的某个部分，就形成了词重音。有时候语音轻重不同会引起意义的变化，例如汉语的"东西"，把"西"说得又轻又短，这个词的意思是"物品"；"东""西"说得一样重，这个词的意思是"东边和西边"。再如：

俄语：мук'а（面粉）　英语：'content（内容）

　　　м'ука（痛苦）　　　　con'tent（满意的）

音长是声音的长短。声音的长短和持续的时间有关系，发音时持续时间长，就形成长音；持续时间短，就形成短音。有时候，说得长些和说得短些，意思会不一样，例如英语里"I need a sheep"和"I need a ship"，意思完全不同。再如日语"いいえ"（不）和"いえ"（家）两个词的区别也在于音长的长短不同。

音色就是声音的特色。人们之所以把一个声音和另一个声音分开，主要是因为它们的音色不同。比如"a"和"i"就是两个音色不同的声音。不同的个体有不同的音色，因此"只闻其声"就可以识别熟悉的人。

作为一种生理现象，语音是人的发音器官发出的声音。人的发音器官包括呼吸器官（肺、气管）、发声器官（喉头、声带）、共鸣器官（咽腔、口腔、鼻腔），如图4－1所示。

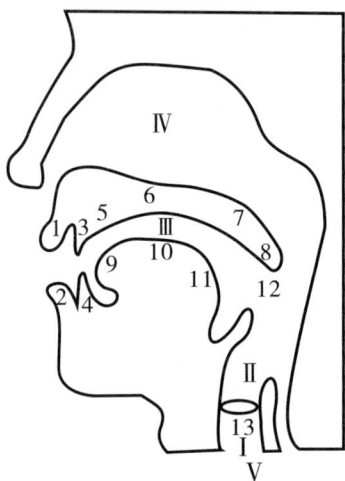

I.气管　II.喉头　III.口腔
IV.鼻腔　V.通向肺
1.上唇　2.下唇　3.上齿
4.下齿　5.齿龈　6.硬腭
7.软腭　8.小舌　9.舌尖
10.舌面　11.舌根　12.咽头
13.声带

图4－1　发音器官示意图

物体受外力振动才能发出声音，声音在媒介中传播我们才能听到。肺部呼吸的气流作用在声带、口鼻腔等发音器官上产生振动，口、咽、鼻腔不同位置进行调节形成不同的共鸣腔，从而发出不同的语音。因此，人类每发出一个音，都需要几个发音器官协同活动，这叫作该音的发音动作。一个发音动作分为成阻、持阻、除阻三个阶段。成阻、除阻的方式不同形成不同的发音方法，例如是完全闭合堵塞构成阻碍，还是留着一条小缝构成阻碍；气流是冲破阻碍，还是从小缝中挤出去，会形成不同的声音。前者形成塞音，如汉语"bà""pà"，英语pig、ship中的 [p] [pʰ]；后者形成擦音，如汉语"sà"、英语sit中的 [s]。在不同的发音部位用不同的发音方法可以发出各种声音。

　　每种语言都有自己的发音习惯，学习一门外语，就需要发音器官习惯这种语言的发音动作、发音方法。例如汉语中没有小舌颤动发音的动作，因此小舌颤音常常是汉语母语者学习俄语发音的难点；而汉语发音中的卷舌动作，对于很多学汉语的人而言也是"拦路虎"。

　　2. 音素和国际音标

　　人类一个发音动作构成的最小的语音单位是音素。

　　音素不是人们能够自然感知到的，是语言学家"切分"出来的最小的语音单位。人们能够自然感知到的是一个语音片段，称为"音节"，把音节继续进行切分，直到不能切分为止，就可以得到音素。

　　语音是一种声音，不能留于异时异地，为了便于分析研究，人们就发明了很多方法记录语音，其中最常用的方法是音标法。音标法就是用音标注音，比如汉语拼音就是给汉字注音的音标。国际音标是一种国际通用的、能够记录所有语言中音素发音的标音符号。这套符号主要采用拉丁字母来记录音素，一个音素对应一个符号，因此可以准确标注各种读音。

　　现在通行的国际音标是 1888 年国际语音协会（https：//www. international-phoneticassociation. org/）公布的，后来经过多次修订。（见表 4 – 1）国际音标一般使用方括号"[　]"跟字母相区别。在注音的时候，有严式标音和宽式标音两种方法。严式标音记录实际发音，宽式标音只记录能辨别意义的语音。例如汉语普通话的"开"严式标音为 $[k^hal^{55}]$，宽式标音为 $[k^hai^{55}]$。

表 4-1　国际音标表

发音方法			双唇	唇齿	齿间	舌尖前	舌尖中	舌尖后	舌叶音	舌面前	舌面中	舌面后	小舌音	喉壁音	喉音
辅音 塞	清	不送气	p				t	ʈ		ȶ	c	k	q		ʔ
	清	送气	pʰ				tʰ	ʈʰ		ȶʰ	cʰ	kʰ	qʰ		ʔʰ
	浊	不送气	b				d	ɖ		ȡ	ɟ	g	ɢ		
	浊	送气	bʰ				dʰ	ɖʰ		ȡʰ	ɟʰ	gʰ	ɢʰ		
塞擦	清	不送气		pf	tθ	ts		tʂ	tʃ	tɕ					
	清	送气		pfʰ	tθʰ	tsʰ		tʂʰ	tʃʰ	tɕʰ					
	浊	不送气		bv	dð	dz		dʐ	dʒ	dʑ					
	浊	送气		bvʰ	dðʰ	dzʰ		dʐʰ	dʒʰ	dʑʰ					
擦	清		ɸ	f	θ	s		ʂ	ʃ	ɕ	ç	x	χ	ħ	h
	浊		β	v	ð	z		ʐ	ʒ	ʑ	ʝ	ɣ	ʁ	ʕ	ɦ
边擦	清						ɬ								
	浊						ɮ								
鼻	浊		m	ɱ			n	ɳ		ȵ	ɲ	ŋ	N		
边	浊						l	ɭ			ʎ				
闪	浊						ɾ	ɽ					R		
颤	浊						r						R		
半元音	浊		w ɥ	ʋ				ɻ			j				

元音

	圆唇元音	舌尖元音 前	舌尖元音 后	舌面元音 前	舌面元音 央	舌面元音 后
元音 高	(ɥ ʮ y ʉ u)	ɿ ʮ	ʅ ʯ	iy　ɪy	ɨʉ	ɯu　ʊ
半高	(ø o)			IY　eø	əɵ	ɤo
半低	(œ ɔ)			E　ɛœ　æ	ə	ɜɞ　ʌɔ
低	(ɒ)			a	A　ɐ	ɑɒ

二、元音和辅音

1. 元音和辅音的区别

音素可以分为元音和辅音两大类。

元音发音时声带颤动，声音比较响亮，呼出的气流比较弱，在咽喉和口腔中都不受阻碍。辅音发音时声带不一定颤动，但发音部位肌肉特别紧张，呼出的气流比较强，在咽喉、口鼻腔中会受到阻碍。

发音时声带颤动的叫浊音，声带不颤动的叫清音。所有的元音都是浊音，辅音中既有浊音也有清音。

2. 元音的类型

元音的发音部位都是声带，但是由于舌头的位置、舌头的形状、开口度大小、嘴唇的形状各异，会形成不同的共鸣腔，发出不同的音。根据起作用的部位，元音可以分为舌面元音、舌尖元音、卷舌元音；根据舌头位置的高低，元音可以分为高元音、半高元音、半低元音、低元音；根据舌位的前后，元音可以分为前元音、央元音、后元音；根据唇形的圆展，元音可以分为圆唇元音和不圆唇元音。

根据发音时肌肉紧张不紧张，元音可以分为紧元音和松元音，例如汉语"哥哥"，第一个"哥"重读，很清晰，记为 [ɤ]，第二个"哥"轻读，记为 [ə]，高低略有不同，肌肉紧张程度明显不同，有时候紧元音可以通过加 [_] 标记。

根据持续时间长短，元音可以分为长元音和短元音，长元音一般在元音后加 [ː]，如：

英语：sit [sit]（坐）   seat [siːt]（座位）
德语：still [stil]（安静的）   stil [stiːl]（风格）

元音的气流都是从口腔出来的，但如果气流同时从鼻腔出来，发出的音则称为鼻化元音，标音时加 [~]。例如：

法语：non-sens ［nɔ̃sɑ̃ːs］（荒谬）　　enfant ［ɑ̃fɑ̃］（儿童）

厦门话：馅 ［ɑ̃］　　毛 ［mɔ̃］

语言中的元音大部分是舌面起作用的舌面元音，如图 4 - 2 所示。其中［i］［e］［ɛ］［a］［ɑ］［ɔ］［o］［u］这 8 个元音通常用作元音舌位定点的坐标，被称为标准元音或者定位元音。学习元音发音的时候首先要学这 8 个音，其他元音可以根据它们的位置去发音。

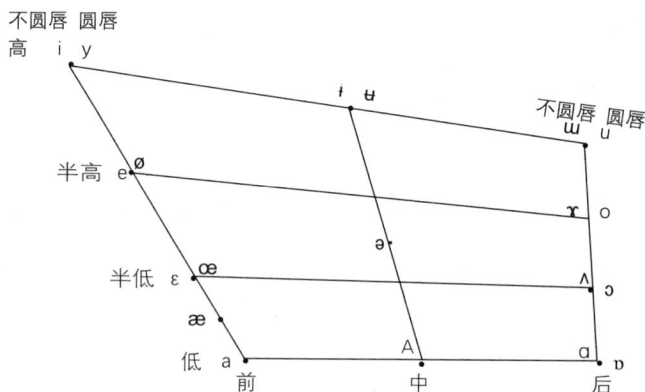

图 4 - 2　舌面元音舌位图

根据舌位图可以描写元音的发音特征，如：

［i］是舌面、前、高、不圆唇元音。如汉语"币"［pi］，英语 sit ［sit］（坐），俄语 пик ［pik］（峰）。

舌尖元音是舌尖靠近上腭发出的元音，在汉语方言和民族语言中都很常见，例如普通话"子"［tsɿ³⁵］的韵母 ɿ 是舌尖前不圆唇元音，"止"［tʂʅ³⁵］的韵母 ʅ 是舌尖后不圆唇元音。苏州话"书"［sʮ⁴⁴］的韵母 ʮ 是舌尖前圆唇元音、湖北应山话"主"［tʂʯ²¹］的韵母 ʯ 是舌尖后圆唇元音。

舌面元音发音时，舌尖同时向硬腭前翘起，发出的音叫卷舌元音，在国际

音标中用 ［ʳ］ 表示卷舌动作，不独立发音，但是在汉语里有一个独立的卷舌韵母 ɚ（也写作 ɚʳ），也就是"二/儿/耳"等的发音。

3. 辅音的类型

辅音的不同主要是由发音部位和发音方法造成的。发音部位是发音时气流受到阻碍的位置，发音方法主要是形成阻碍和破除阻碍的方式。

根据发音部位可以把辅音分为 13 类：双唇音（上唇和下唇）、唇齿音（上齿和下唇）、齿间音或舌齿音（舌尖和上下齿）、舌尖前音（舌尖和上齿背）、舌尖中音（舌尖和上齿龈）、舌尖后音或卷舌音（舌尖和硬腭前部）、舌叶音（舌叶和齿龈）、舌面前音（舌面前部和硬腭前部）、舌面中音（舌面中部和硬腭后部）、舌面后音或舌根音（舌面中部和软腭）、小舌音（舌根的前部和小舌）、喉壁音（舌根和喉壁，如阿拉伯语"精神"［ruːħ］中的［ħ］）、喉音（声带靠拢或闭合，如苏州话"拔"［paʔ］中的［ʔ］）。

根据形成阻碍和破除阻碍的方式，可以把辅音分为：

（1）塞音：发音时发音部位完全闭塞，形成阻碍，气流需要冲破阻碍爆破发音。如汉语"爸""怕"的声母 b［p］、p［pʰ］。

（2）擦音：发音时发音部位相互靠近，气流从缝隙中挤出，摩擦发音。如汉语"三"的声母 s［s］。

（3）塞擦音：发音时先闭塞再爆破冲出一条小缝，摩擦发音。如汉语"字"的声母 z［ts］。

（4）鼻音：发音时震动声带气流从鼻腔发出。如汉语"妈"的声母［m］，"哪"的声母［n］。

（5）边音：发音时舌尖抵住上齿龈，声带振动，气流从舌头两边通过。如北京话"来"［lai］中的［l］，广西合山话"三"［ɬam］中的［ɬ］。

（6）颤音：发音时舌尖或者小舌颤动发出声音。如俄语 рука［ruka］（手）中的舌尖颤音［r］，法语 la robe（袍子）中的小舌颤音［R］。

（7）闪音：舌尖或者小舌快速、轻轻颤动一次发出的音。如日语"帰"［kaeɾu］（返回）中的［ɾ］。

（8）半元音（通音）：发音时气流在通过阻碍时稍微带一些摩擦甚至没有摩擦。如英语 yes［jes］中的［j］，walk［wɔːk］中的［w］。

根据气流的强弱，辅音可以分为送气音和不送气音。送气音在国际音标中用［ʹ］或［ʰ］表示。如汉语声母 g［k］是不送气音，k［kʰ］是送气音。

三、语音的社会属性和音位

1. 语音的社会属性

人发出的声音，只有一部分被用来传递信息，不用来传递信息的声音不是语音。例如，人在吃饭时发出的吧嗒嘴的声音，人在漱口的时候发出的咕噜咕噜的声音，都不是语音。有哪些音被用来传递信息，传递什么信息，都是由语言社团的人约定俗成的，因此，语音是一种社会现象。

首先，选择什么声音来表达意义，是约定俗成的。例如汉语普通话里使用卷舌元音，不使用颤音，韩语里有松音和紧音，各种语言有各自的语音体系。用什么音表达什么意义也是约定俗成的，例如［ni］这个音节，日语中用来表达数量二或者作助词，而汉语里用来表达泥土（"泥"）或者人称代词（"你"）等意义。

其次，同样的音在不同语言的语音系统中地位不一样。例如，在汉语里送气不送气的区别很重要，把不送气［p］读成［pʰ］会改变意思，例如把［pa⁵¹］读成［pʰa⁵¹］，"爸"就变成"怕"了。但是在英语里，spring 的 p 读成不送气音或者送气音，即［spriŋ］或者［spʰriŋ］，都不会改变其意思，最多让人觉得有点别扭罢了。

由于语音具有社会属性，因此，说话人只对自己的语言系统中具有区别意义作用的音素敏感，对那些不具有区别意义作用的音素不敏感。学习一种语言的语音时，也只需要学习那些起区别意义作用的语音。

2. 音位

音位是从能否区别意义角度划分出来的最小的语音单位，一般放在"//"中。同属于一个音位的音素称为音位变体。例如在上文中可以看到，汉语普通话里，［p］和［pʰ］具有区别意义的作用，要归为两个音位，而英语里［p］和［pʰ］不具有区别意义的作用，所以在英语里只有一个音位／p／，这个音位包括［p］和［pʰ］两个音位变体。再如：

北京话：［san］（三）　　　　　　［θan］（三）

莒县话：［san］（三）　　　　　　［θan］（膻，扇）

英语：［sin］（罪）　　　　　　　［θin］（薄）

发［s］的时候舌尖应该靠近上齿背，如果把舌尖放到牙齿中间，就发成了［θ］，在北京话里，这样发音不会改变原来的意思，但是在莒县话和英语中，意思会改变。因此，［s］和［θ］在北京话里属于一个音位，而在莒县话和英语中就是两个音位。

在同样的位置、同样的环境中具有区别意义作用的音素具有对立关系，具有对立关系的音素属于不同的音位。有些音素永远不可能出现在同样的环境中，但是它们音色很相近，这样的音素具有互补关系，具有互补关系的音素也可以归为一个音位。例如在普通话里，i，ia、ie、iou、iang 、ian、in、ing 、iong 中的 i，以及 zhi、chi、shi、zi、ci、si、ri 中的 i 发音相似，但是前面的 i 是舌面元音，后面的 i 是舌尖元音，分别是三个音素［i］［ʅ］［ɿ］，它们具有互补关系，因此可以归为一个音位。这就是划分音位的对立原则和互补原则。

音位和音素都是最小的语音单位，两者的区别是：

第一，音素是从音色角度划分出来的，音位是从区别意义角度划分出来的。或者说，音素是从语音的物质属性角度划分出来的，音位是从语音的社会属性角度划分出来的。当我们说到音位的时候，一定是具体的某一种语言中的音位，而音素则并不限定在某一种语言中。

第二，一个音素严格来说不能包括其他音素，但是一个音位可以是一个音素，也可能包含多个音素。例如在汉语普通话里，音位／p／就是音素［p］，而在英语里，音位／p／包括两个音素［p］和［pʰ］。

第三，从区别意义角度看，不仅仅音色有区别意义的作用，音高、音强、音长等也可能具有区别意义的作用，能划分出音位。除了音色音位或音质音位，还可以有其他音位，例如在汉语普通话里，声调具有区别意义的作用，可以划分出一声、二声、三声、四声四个声调音位（即调位）。而音素只关注音色差异。

音质音位之外的音位称为超音段音位，包括调位、时位、重位。调位即具有区别意义的声调，如汉语有四个调位。时位即具有区别意义作用的音长特征，英语音节里长元音和短元音可以构成对立，如［sit］和［siːt］、［ʃip］和［ʃiːp］。重位即具有区别意义作用的音强特征，如英语中的 content［ˈkɒntent，kənˈtent］，insert［ɪnˈsɜːt，ˈɪnsɜːt］，重音位置不同，意义不同。

3. 区别特征

区别意义的特征叫区别性特征或区别特征。区别特征是通过对比得出的。对比的时候，把其他要素都设置成一样的，只有所对比的部分不一样，这样的对比环境称为最小对比对。在最小对比对中，具有区别作用的特征形成对立关系。例如：

pa⁵¹（爸）	pʰa⁵¹（怕）	不送气和送气的对立
pa⁵¹（爸）	ma⁵¹（骂）	清音和浊音的对立
pa⁵¹（爸）	ta⁵¹（大）	双唇音和舌尖中音的对立
pa⁵¹（爸）	sa⁵¹（萨）	塞音和擦音的对立

对比发现，音位/p/具有不送气、清音、双唇音、塞音的区别特征。可见，一个音位由一系列区别特征构成。

⧉ 思考与练习 ⧉

1. 整理并理解本课中以下术语的含义。

语音 语音的社会属性 音色 音素 元音 辅音
音位 音位变体 区别特征 最小对比对 对立 互补 超音段音位

2. 语言是一种生理现象，在汉语中有很多跟说话有关的词含有"口""舌""牙""齿"等身体器官，请你把下面词语补充完整，你还能说出其他类似的词语吗？

伶牙俐（　　）　　出（　　）成章　　　耍（　　）皮子
长（　　）妇　　巧（　　）如簧　　　七（　　）八（　　）
（　　）枪舌剑　　张（　　）结（　　）　　笨（　　）拙（　　）
钢嘴铁（　　）　　（　　）若悬河　　　牙尖（　　）利

3. 语音具有音高、音强、音长、音色四个要素，以下句子所描写的现象，表现了语音的哪个要素？

（1）林黛玉正欲答话，只听院外叫门。紫鹃听了一听，笑道："这是宝玉的声音，想必是来赔不是来了。"（曹雪芹、高鹗《红楼梦》）

（2）不敢高声语，恐惊天上人。（李白《夜宿山寺》）

（3）后来，我们的声音便低下去，静下去了，只有他还大声朗读着："铁如意，指挥倜傥，一坐皆惊呢～～；金叵罗，颠倒淋漓噫，千杯未醉嗬～～……"我疑心这是极好的文章，因为读到这里，他总是微笑起来，而且将头仰起，摇着，向后面拗过去，拗过去。（鲁迅《从百草园到三味书屋》）

（4）他们又故意的高声嚷道，"你一定又偷了人家的东西了！"……孔乙己便涨红了脸，额上的青筋条条绽出，争辩道，"窃书不能算偷……窃书！……读书人的事，能算偷么？"（鲁迅《孔乙己》）

4.《红楼梦》中黛玉笑湘云说话"大舌头"，请根据你了解的语音知识，说一说这是怎么回事。

二人正说着，只见湘云走来，笑道："爱哥哥，林姐姐，你们天天一处顽，我好容易来了，也不理我一理儿。"黛玉笑道："偏是咬舌子爱说话，连个'二'哥哥也叫不出来，只是'爱'哥哥'爱'哥哥的。回来赶围棋儿，又该你闹'幺爱三四五'了。"（曹雪芹、高鹗《红楼梦》）

5. 介绍一下你的母语里有多少元音，你能在舌位图上找到它们的位置吗？

6. 介绍一下你的母语中有多少辅音，请根据国际音标表列出你的母语的辅音表。

7. 下面每组音都有哪些共同的特征？哪些区别特征？请描述一下。

（1）［b］［p］［m］
（2）［f］［s］［ts］
（3）［a］［o］［e］
（4）［i］［y］［u］

8. 以下词汇来自韩语，观察这些音节中的［s］［ʃ］，你认为应该把它们划分为一个音位，还是归为两个音位？说说你的理由。

son（手）　　sɛk（颜色）　　isa（移动）　　sal（人肉）　　sosəl（小说）
ʃihap（游戏）　　ʃinho（信号）　　ʃipsam（十三）　　maʃita（鲜美的）
oʃip（五十）

第五课 语音的组合

　　莎莉文老师是一位天生的演说家，她生动的描述常令听者深受感动，尤其在听完老师如何苦心教导我的过程后，每个人都不禁为之动容。

　　…………

　　令我着急的是，自己虽然经过一段时期的巡回演讲，可是在说话的技巧上并没有太大的进步。我自我感觉发音不够准确，以至有时听众们根本不知我在说些什么。

　　有时，说到一半时会冒出怪声，或者单调而且低沉。我一再努力想改善，但始终无法发出清脆悦耳的声音来。

　　每当我想强调某句话，让听众们都能听清楚时，我的喉咙更是跟我作对，舌头也变得不灵光，几乎发不出声音来。这时，我当然又紧张又着急，可是越急就越糟，别提有多狼狈了！……

　　　　　　　　　　　——海伦·凯勒《假如给我三天光明》①

　　说话是一种技巧，有些人很"会说话"，他们的声音有一种打动人的力量。把一个个音发清楚，并不就能具备这样的力量，因为音和音组合起来时需要更加复杂的规则。

---

① 海伦·凯勒. 假如给我三天光明. 北京：北京出版社，2019：164.

一、音节

1. 什么是音节

音节是听觉上最自然、最容易分辨的最小的语音片段。

比较常见的一种观点认为，音节就是发音器官肌肉紧张度和语音响度的一个增减过程。发音器官的肌肉总是有张有弛，肌肉每紧张一次就形成一个音节。比如汉语〔çian〕，如果发音器官肌肉只紧张一次，就是一个音节，即"先"，如果发音器官肌肉紧张两次，就是两个音节，即"西安"。

肌肉紧张总是先增强再减弱，肌肉紧张的最高点就是音峰，肌肉减弱的最低点就是音谷，是下一个音节的分界处。图 5 - 1 是利用 Praat 语音软件对"我有个天大好消息要宣布"这句话进行的分析，可以很容易看到音节和音节之间的变化。

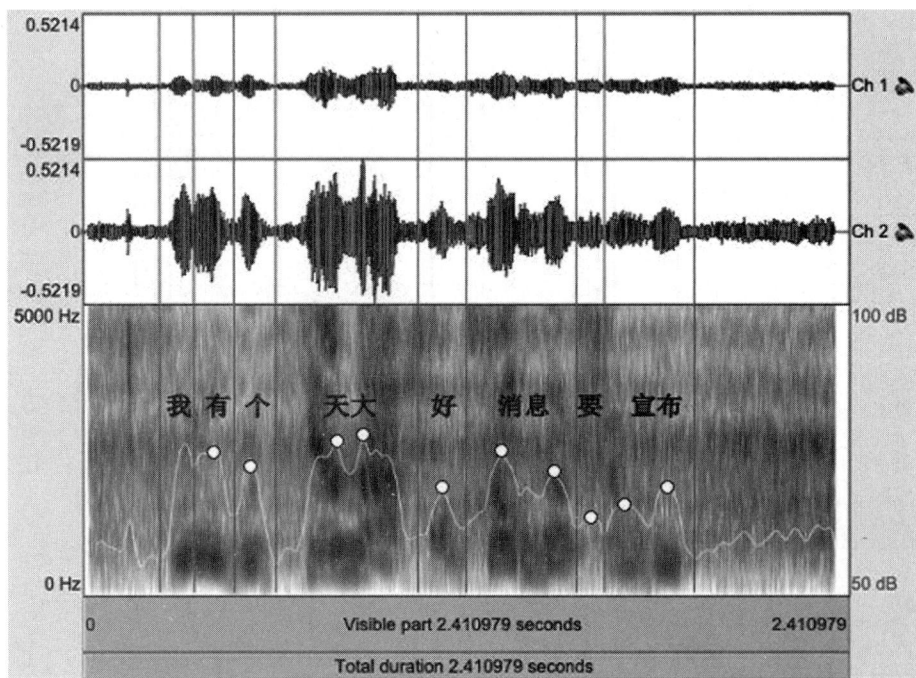

图 5 - 1 "我有个天大好消息要宣布" Praat 语音分析

2. 音节结构

大部分音节是由元音（用"V"表示）和辅音（用"C"表示）组成的，音节的核心部分，也就是处于音节音峰位置的，是元音。这种最基本的组合方式有 C－V（如英语 do、汉语"来"）、V－C（如英语 an、汉语"昂"）、C－V－C（如英语 big、汉语"上"）。在这些组合方式的基础上，还有其他组合形式，如英语的音节开头部分最多可以有三个辅音，音节尾部最多可以有四个辅音，所以可以把英语的音节结构描写为（C－（C－（C－）））V（－C（－C（－C（－C））））。如：C－V－V（如 lay [leɪ]）、C－V－V－C（如 laid [leɪd]）、C－V－V－V（如 fire ['faɪə]）、C－C－C－V－C－C（如 strict [strɪkt]）、C－V－C－C－C－C（如 sixths [sɪksθs]）。汉语普通话的音节，开头部分最多只能有一个辅音，结尾部分最多也只有一个辅音，并且只能是鼻音 [n，ŋ]，所以汉语普通话的音节是（C－）V（－C）。

有些音节单纯由元音组成，或者单纯由辅音组成。由一个元音组成的，例如英语 a，汉语"啊"。由多个元音组成的，如汉语"爱"、日语"いえ"（家）。单独由一个辅音构成的音节，如汉语叹词"嗯"[m̥]、"嗯"[m̩]，上海话"五"[ŋ]，山西黎城话"儿"[l]。由多个辅音构成的音节，如厦门话"光"[kŋ]，英语 table 中的 [bl]。从整体看，单纯由辅音构成音节的情况比较少。

一个音节，如果以元音收尾，叫开音节，如汉语"西"；如果以辅音收尾，叫闭音节，如汉语"先""安"。大部分语言都既有开音节也有闭音节，有些语言只有开音节，如彝语、纳西语；汉语、日语只有以鼻音结尾的少量闭音节，而英语、法语等都有丰富的闭音节。

每种语言中，音位与音位的组合是有规则的。例如，在英语里，k、b、l、i 这四个音位，可能的组合是 blik、klib、bilk、kilb，但不允许出现 lbki、ilbk、bkil、ilkb 的组合方式。因为在英语中，如果一个单词以 [l] 或 [r] 为首，那么其后必须紧跟一个元音；音的排列要符合音响阶，即语音的响度开始逐渐上升然后逐渐下降，塞音响度最低，所以 lb 开头，bk、kb 开头结尾都不允许；

而如果三个辅音出现在音节开头，那么第一个必须是/s/，第二个位置必须是
/p/、/t/、/k/，第三个位置必须是/l/、/r/、/w/等。由于组合搭配上的这些
限制，每一种语言中实际存在的音节数量，会远少于理论上可能出现的数量。

汉语音韵学把音节分析为声母、韵母、声调三部分。声母就是音节开头的
辅音，韵母又分为韵头、韵腹、韵尾三部分，并根据韵母唇形，把音节分为开
口呼、合口呼、撮口呼、齐齿呼"四呼"。如表5-1所示：

表5-1　　"四呼"示例

| 音节 | 声母 | 韵母 | | | 声调 | 四呼 |
		韵头	韵腹	韵尾		
西	x		i		一声	齐齿呼
安			ɑ	n	一声	开口呼
先	x	i	ɑ	n	一声	齐齿呼
我		u	o		三声	合口呼
宣	x	ü	ɑ	n	一声	撮口呼

这种分类方法有助于表现汉语普通话音节中声母和韵母的搭配关系，如表
5-2所示：

表5-2　　普通话声韵配合表

	声母	开口呼	齐齿呼	合口呼	撮口呼
双唇音	b、p、m	+	+	u	-
唇齿音	f	+	-	u	-
舌尖中音	d、t	+	+	+	-
	n、l	+	+	+	+
舌根音	g、k、h	+		+	
舌面音	j、q、x	-	+	-	+
卷舌音	zh、ch、sh、r	+	-	+	-
舌尖后音	z、c、s	+	-	+	-

3. 复元音和复辅音

一个音节中，两个或两个以上元音的组合，叫复合元音或复元音；两个或两个以上辅音的组合，叫复辅音，或辅音簇。相应地，单个元音叫单元音。

复元音如汉语普通话的 ɑi、ei、ɑo、ou、iɑ、ie、iou、iɑo 等，韩语的ㅑ [ia]、ㅕ [ieo]、ㅛ [io]、ㅠ [iu]、ㅐ [iae]、ㅖ [ye]、ㅘ [wa]、ㅙ [wae]、ㅚ [oe]、ㅝ [wo]、ㅞ [we]、ㅟ [wi]、ㅢ [ui] 等。

复辅音如英语 bring 中的 [br]、class 中的 [kl]、street 中的 [str]、text 中的 [kst] 等。常见的复辅音组合方式有：

（1）塞音 + 边音：如武鸣壮语 [pla]（鱼）、[mlai]（唾液）。

（2）塞音 + 颤音 r：如怒语 [pre]（梳子）、[pʰri]（解开）、[kria]（胆）、[kʰri]（屎）。

（3）鼻音 + 塞音：如山西兴县话"母" [mbu]、"奴" [ndo]，彝语 [ŋgə]（荞子）、[nda]（蕨菜），苗语 [mpə]（鱼）、[ntau]（打）。

（4）擦音 + 辅音：如独龙语 [sla]（月）、[sna]（鼻子）、[spla]（黏住）、[skla]（桶），英语 [fɒks]（fox）。

汉语普通话音节中没有复辅音，元音占优势。

二、语流音变

1. 什么是语流音变

我们说话的时候，是一个音接着一个音说出来，在这个过程中，由于音素所在的位置，或者组合时相互影响，发音产生变化，这一现象叫作语流音变。主要有同化、异化、弱化、脱落、增音等。

2. 同化现象

在语流中，两个不相同或不相似的音变得相同或相似的现象叫同化现象。例如：

汉语：难免［nanmian→nammian］　　电报［tianpao→tiampao］

英语：give me［ˈɡivˈmi→ˈɡimˈmi］conquest［kɔnkwest→kɔŋkwest］

德语：haben［ˈhaːbn→ˈhaːbm］（有）

volk［fɔlk］（人民）＋chen［çən］（小称词尾）→völkchen［ˈfɔlkçənː］
（小的人群）

有些词现在的样子就是受历史上同化现象的影响变化而来的，例如德语zimmer（屋子）是由zimber变来的。

3. 异化现象

异化现象指在语流中，两个相同或相似的音变得不相同或不相似的现象。语流中的异化常常是为了避免发音时绕嘴而产生的。例如俄语的февраль（二月）来自феврарь，后一个［r］被前一个［r］异化成［l］，верблюд（骆驼）来自古俄语вельблюд，后面的边音л［l］把前面的边音异化为颤音p［r］。威宁苗语中大部分动词或形容词的不肯定形是在其前面加上一个由其声母带［u］构成的音节，但是当这个动词或形容词的元音是［u］或韵尾是［u］时，前面加的音节就必须是［i］，如：

［tsʰa］（洗衣物）　　　　［tsʰu tsʰa］（随便洗洗衣物）

［lie］（红）　　　　　　［lu lie］（有些红）

［xu］（唱）　　　　　　［xi xu］（随便唱两句）

［tl̥u］（黑）　　　　　　［tl̥i tl̥u］（有些黑）

4. 弱化现象

非重读的元音在音强、音长方面会发生弱化，如：

俄语：водовозчик［vədʌˈvɔs]（运水人）

　　　хорошо［xəlʌˈʂ]（好）

英语：can ［kæn→kən］（能）

　　　her ［hɜː→hə］（她的）

汉语：脑袋 ［nautai→nautɛ］

　　　回来 ［hueilai→hueilə］

在有声调的语言中，不重读的音节的声调往往读成轻声，这也是声调的弱化。气流较强或者阻力较大的辅音也可以发生弱化。例如俄语词末的浊辅音会弱化为清辅音：

водовозчик ［vədʌˈvozbə→vədʌˈvos］（运水人）

народ ［nʌrɔd→nʌrɔt］（人民）

5. 脱落现象

　　一连串音连续发出时，有时会发生音素减少的现象，这就是减音或者音的脱落现象。本身就很弱的音素或者弱化的音素很容易在语流中丢失。如汉语"五个"［ukə］说快了就成了［uə］，［k］丢失了；"我们"［uomən］说快了就是［uomn］或［uom］。法语首音的 h 一般不发音，如 histoire ［isˈtwaːr］（历史）、hirondelle ［irɔ̃ˈdɛl］（燕子）。英语中当［g］出现在词尾鼻辅音前时，发音就省略了，试比较：

sign ［saɪn］　　　　　　signature ［ˈsɪgnətʃə］

resign ［rɪˈzaɪn］　　　　resignation ［ˌrezɪgˈneɪʃn］

phlegm ［flem］　　　　phlegmatic ［flegˈmætɪk］

paradigm ［ˈpærədaɪm］　paradigmatic ［ˌpærədɪgˈmætɪk］

6. 增音现象

连续发一串音时，有时会出现音素增加的现象，这就是增音现象。有时候增音是在发音部位或发音方法调整过程中产生的，例如英语 dreamed［dremt］在实际发音的时候会说成［drempt］，因为从［m］到［t］过程中双唇没来得及分开，软腭已经上举闭住气流，产生了一个过渡的双唇塞音。希腊语现在的 andras（男人）就是由历史上的 anros 增音而成的。有的增音是语码转换时造成的，例如英语 chocolate［ˈtʃɒklət］翻译成汉语"巧克力"，原来的辅音［k］后增加了元音，这是因为汉语没有复辅音，当遇到外语复辅音时只有在辅音间加上元音才符合汉语的音韵特征。

三、语言的节律

1. 什么是语言的节律

声音的高低、快慢、强弱、长短、间歇和音色构成了语言的节律。语言的节律就是音和音的相对关系和组合关系，体现了语言的节奏感。

语言的节律是准确、得体地表达词句的内容，表现说话人的思想感情的必要手段。同样的内容，采用不同的语气、间歇、长短、快慢，效果可能完全不同。例如：

你不会↘（肯定）
你不会↗（疑问）
ˈ你＿不会↗（怀疑、质疑）

2. 声调和句调

我们说话的时候声音会有高低升降的变化，一个音节的高低升降变化叫声调，一个句子的高低升降变化叫句调。有的语言没有声调，但是所有的语言都有句调。汉藏语系的语言都是有声调的语言。

声调的实际高低、升降、曲直、长短情况，用调值说明，一般有高平、全升、低降、中平等类型。汉语声调用五度标记法，标记为 55、35、214、51等。根据调值可以对声调进行分类，叫调类，例如汉语调类有阴平、阳平、上升、去声，或者叫一声、二声、三声、四声。

在有声调的语言里，连字成词或短语时，声调往往会发生变化，叫连读变调，简称变调。变调大致包括两种情况，一种是变成另一个声调，如汉语形容词或副词重叠的时候，第二个字一律变阴平，如"好好儿"念作"好蒿儿"，"烫烫的"念作"烫汤的"。一种是调值不到位，例如普通话中"上上相连，前上变半上"的规则，指的是两个三声在一起，前一个三声的声调只有一半调值，读得像二声，如"雨伞"读起来像"鱼伞"，这种变调是一种异化现象。

轻声是一种特殊的变调，是读得又轻又短的现象。汉语普通话中，一些特定位置上的词，如后一个音节，如"对了""是的""好吧""拿着"中的助词"了""的""吧""着"等；中间的音节如"好不好"的"不"、"两个人"的"个"、"说得好"的"得"都会轻读，这样的轻声不具有区别意义的作用。有些轻声具有区别意义的作用，例如汉语的非轻声词"地道""东西"和轻声词"地道""东西"意义各不相同。轻声是一种弱化现象，再进一步就会脱落，例如汉语"豆腐"的轻声"腐"进一步弱化会只留下一个擦音［f］。

句调是句子的标志，没有句调，不成句子。一些特定的句子语气类型，例如陈述句、命令句、感叹句多用降调，一般的问句多用升调，夸张强调的时候多用曲折的语调等。句子的语调还包括各种口气，表现说话人的情感色彩，比如鄙夷、讥笑等。

3. 词重音和语句重音

重音总是表现在两个以上音节的语音单位上，体现了音的强弱。重音有词重音和语句重音。

词重音是词里头念得最强的音节。有的语言如俄语、英语的重音没有固定位置，是自由重音，但有的语言的词重音有固定的位置，例如捷克语、拉脱维亚语的重音在词的第一个音节上，蒙古语的重音在词的第二个音节上，波兰语的重音在词的倒数第二个音节上，法语的重音在词的最后一个音节上，而德语同根词的重音，总在同一个音节上，是不变的重音，如：'wunder（惊奇）、'wunderbar（惊奇的）、'wunderlich（怪异的）、ver'wundern（惊骇）、be'wundern

（惊喜）。

有的语言的多音节词有多个重音，在最强和最弱之间的重音叫次重音，例如英语中的 resignation［ˌrezɪgˈneɪʃn］第一个音节是次重音。

有的语言的词重音可以区别意义。例如：

英语：a ˈhotdog　一个热狗（食品）

　　　a hot ˈdog　一只感到热的狗

俄语：ropa（山）单数第二格：гоˈры

　　　　　　　　　复数第一格：ˈгоры

语句重音与句子的内容有关，利用语句重音可以改变句子的意思。语句重音一般分为三种：句法上的重音或节律重音、逻辑重音、强调重音。

在一个意义单位（"意群"或"语段"）中，中心语词往往要重读。例如：

汉语：ˈ告诉他，是ˈ我让你们来的。

在这个例子中，"告诉他"是一个意义单位，其中动词"告诉"是结构中心，要重读；后面的意群中，"是……的"句式是一种焦点句，因此重音自然落到"我"上。

逻辑重音就是对比重音，例如"我让你们来"中每一个词都可以被重读。

ˈ我让你们来，不是他。

我ˈ让你们来，不是不让。

我让ˈ你们来，不是让他来。

我让你们ˈ来，不是让你们走。

强调重音是因为含有强烈感情而加强的重音。例如法语重音总在最后一个音节，但是 ab'solument（绝对）、'terrible（可怕）、'bandit que vous êtes（你这个强盗）重音都往前挪了，表示强烈的感情色彩，如果单念或者放在不带感情色彩的句子里，重音还是放在后面。

相较之下，语句重音是句子层面上的，词重音是词层面上的，在句子中词重音会因为平衡而发生变化，例如英语 fourteen（十四）单念有两个重音〔ˌfɔːˈtiːn〕，但是在'fourteen shillings（十四先令）和'just fourˈteen（才十四）中只有一个重音。

思考与练习

1. 整理并理解本课中以下术语的含义。

音节　语流音变　同化　异化　弱化　脱落
增音　节律　声调　句调　重音

2. 每个人说话都有自己的特色，在具体的话里，也带有具体的情感色彩。汉语中常常用"腔""调""声""气"等来体现这种风格或者情感色彩。请补充下面的词语，你还能说出汉语中其他类似的词语吗？

洋腔洋（　　）　　怪（　　）怪调　　阴阳怪（　　）
拿（　　）拿调　　打官（　　）　　油腔滑（　　）
南腔（　　）（　　）　陈词滥（　　）　老（　　）重弹
字正（　　）圆　　装（　　）作势　　好声好（　　）
带着哭（　　）

3. 读一读下面的句子，注意体会其中的连读变调。

（1）我想买几种礼品。

（2）好好一个手机就不见了。

4. 读一读绕口令《四和十》，注意体会轻重、快慢、停顿、语调。

四是四，十是十，十四是十四，四十是四十。

别把四十说细席，别把十四说席细。

要想说好四和十，全靠舌头和牙齿。

要想说对四，舌头碰牙齿；要想说对十，舌头别伸直。

认真学，常练习，十四、四十、四十四。

5. 你的母语中有没有复元音和复辅音？请举例说明。

6. 你的母语在音节结构上和汉语相比有什么特点？请和同学分享。

7. 你的母语中有没有声调和词重音？请举例说明。

8. 德语中，第三人称单数现在时的动词后缀是 -t，观察下面三组德语的动词词干和第三人称单数现在时的形式，发生了什么语流音变现象？

词干：　　　　　　　　lo:b（赞美）　　　zag（说）　　　rajz（旅行）

第三人称单数现在时：　lo:pt（他赞美）　　zakt（他说）　　rajst（他旅行）

9. 汉语的上声（第三声）在语流中经常需要变调，观察下面的变调现象，你可以总结出什么规律来？能不能对这个规律加以解释？

$xiao^{213} + hua^{55} \rightarrow xiao^{21} hua^{55}$　　$xiao^{213} + yu^{213} + di^{55} \rightarrow xiao^{35} yu^{21} di^{55}$

$xiao^{213} + ren^{35} \rightarrow xiao^{21} ren^{35}$　　$xiao^{213} + xiao^{213} + hai^{35} \rightarrow xiao^{35} xiao^{21} hai^{35}$

$xiao^{213} + cao^{213} \rightarrow xiao^{35} cao^{213}$　　$xiao^{213} + yu^{213} + san^{213} \rightarrow xiao^{21} yu^{35} san^{213}$

$xiao^{213} + mei^{51} \rightarrow xiao^{21} mei^{51}$　　$xiao^{213} + xiao^{213} + ai^{51} \rightarrow xiao^{35} xiao^{21} ai^{51}$

第六课 语义与现实

当时我正在学习如何与人交谈，可是史波林先生总是弄不清我的意思，我因此深感遗憾。有一天，我特地反复练习着说莱特的名字，打算让史波林先生惊喜一下，可是不管我多么努力练习，都说不好莱特的全名，我急得哭了出来。等到史波林先生来时，我仍然迫不及待地展现我的练习成果，一遍又一遍地反复多次，好不容易才让史波林先生懂了我的意思，我又高兴又感动，那种激动的心情至今无法忘怀。

——海伦·凯勒《假如给我三天光明》①

语言是交际的工具。在交际中，人们都希望把想说的说出来，说出来的对方都能懂。我怎么知道你说的是什么呢？你又怎么保证你说的就是你想要说的呢？这就需要研究语义是什么东西了。

一、语义、概念和客观事物

我们想用声音表达什么，首先需要存在一个可以用声音表达的东西，这个东西是听说双方都掌握的，这样才可以进行交流。这个用声音表达的东西就是语义。

语义就是语言符号所表达的意义，是语言符号所负载的人们对世界的

---

① 海伦·凯勒. 假如给我三天光明. 北京：北京出版社，2019：143.

认识。

我们之所以要表达，是因为我们对这个世界有所认识。语义的传递，就建立在人们认识世界的基础上。例如伦琴（Röntgen）把新发现的光叫作"X光"，于是就有了 X 光这种事物，从此说到"X 光"，人们就知道是伦琴发现的那种光，而不是其他事物，也不会误解成是伦琴当时看到的"那一个"。

（1）他发现了一种光，"我也不晓得是什么光……无以名之，就叫它 X 光吧……"他这样给他的老师写信说。1901 年，由于 X 光的发现，伦琴成为第一个获得诺贝尔物理学奖的科学家。（唯夫《"我看见了我的骨头！"》）

英国学者奥格登（Ogden）和理查兹（Richards）在其著作《意义的意义》中使用"语义三角"图（见图 6-1）来说明语言符号和现实世界之间的关系：语言符号是对事物的指代，但在符号和客观事物之间，需要由概念或思想做中介。语义就是将语音形式和事物联系起来的中介。语言符号的意义并不直接和客观事物有关系，而是与人们对客观事物的概括、认知结果有关系。

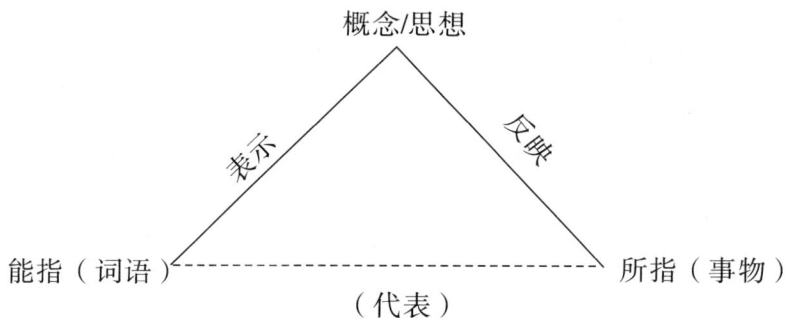

概念/思想

表示　　　反映

能指（词语）- 所指（事物）
（代表）

图 6-1　语义三角

正因如此，语言中会存在如"魔鬼""天堂"这样一些所表达的事物在现实世界中根本不存在的词语。不过，像某个具体的人名、专名，也是概括的结果吗？答案是：是。例如"北京"虽然指的不是一类事物，而是一个具体的地方，这个地方包含很多因素，比如位置、样貌、人口、历史、建筑等，但是人们只把它概括为一个地方，用"北京"来指称它，所以专名也是对事物进行认识、概括的结果。

语言的形式也就是语音有大大小小多种单位，人们认识世界的结果可以选用大的语音形式表达，也可以用小的语音形式表达。概念常常用词表达，但也可以用词和词的组合来表达。例如《晋书·王衍传》中记载，王衍非常清高，从来不说"钱"这个字，他的妻子趁他睡觉的时候，故意让仆人用一串串铜钱把床围起来，王衍醒后叫来仆人说"举却阿堵物"，意思是"拿走这些东西"。不过后来因为这个典故，"阿堵物"也成了"钱"的代名词了。

除了语言，人们还可以采用很多方法表情达意，例如点头表示肯定、赞成，摇头表示否定、反对，用"比心"的动作表示爱，以及用画画、旗语、红绿灯等多种手段来传达意义。但这些手段所传达出来的都不是语义，正如并不是所有人类发出来的声音都是语音，也不是所有人们想表达的意义都是语义，只有用语音传达的意义才是语义。

因此，我们在说话的时候，常常感觉"词不达意""言不尽意"，意思就是说，意义是一个庞大的体系，语言作为一种表达手段，虽然是表情达意最便捷的手段，但也有其局限性。对于语言研究而言，语义学只关心语言形式所表达的内容，语言形式之外的意义，不在语义学的研究范围。例如，语言在使用过程中，还有临时意义、言外之意：

（2）你到我身边带着微笑，带来了我的烦恼，我的心中早已有个他。（歌曲《迟到》）

（3）我叫你笑！我叫你笑！

上面例（2）中，"他"的意思是恋人，但"恋人"并不是"他"本身的意思，只是在这句话里的临时意义。说例（3）的时候，说话人常常一边说一边做着某种惩罚动作，比如打人、摔东西等，意思是"不准笑，你笑我就惩罚你"，因此这句话既有警告意义，又是在为惩罚行为解释、说明理由，这是说话人的真实意图，即言外之意。临时意义、言外意义都是句子的意义，但不是句子的"语义"。

总而言之，语义是语言形式所负载的内容，反映了人们对客观世界的认识和看法。

二、语义的模糊性

由于语义是概括出来的，因此语义具有模糊性。

语义的模糊性，指的是语义所表现出来的不确定、界限不清的特征。例如，当我们说到"水"的时候，我们的头脑里可能会出现流动的物质这样一些特征，但是浓度多少、什么颜色、有没有味道等，却说不出来，也没办法和其他液体比如汤、汁、粥、油、酒等清晰地区别开来。再比如同事说："我们出去散散步吧。"那么什么是"出去"呢？"出去"指的是离开办公室还是离开办公楼？怎么才算是散步呢？在公园坐着算不算散步？走一会儿、坐一会儿，或走一会儿、跑一会儿算不算散步？多长时间算散步，多长时间不算？这些问题都没办法说清楚。

语义的模糊性首先是因为客观世界存在模糊、边界不清的现象，例如北半球冬天冷，夏天热，冷和热中间并不是完全分开的，有不冷不热的中间地带。即使是一些好像是确切的数字，比如体重60公斤，其实也只是一个大概的数目，并不是精确值。其次是因为人的认知具有局限性，例如中国古代，最早认识的"水"就是河，在中国最早的诗歌总集《诗经》里有"所谓伊人，在水一方"，意思是说"我思念的那个人儿啊，在河的那一边"。后来人们把能喝的井水叫"水"，比如记载先秦时期礼仪的《礼记》记载当时王的"五饮"是"水、浆、酒、醴、酏"，水是井水、清水，浆是米汁，醴是甜酒，酏是稀粥。"水"的意义发生了变化，在理解的时候就出现了不确定性。最后，交际有时需要模糊。例如我们在找人的时候，不会说找一个身高1.83米、体重65公斤的人，而是简单地说瘦高个就行了。

语义的模糊性和语言中的模糊表达不能等同起来。语义的模糊性指的是人们在认识过程中概括事物或现象时造成的边界不清、不确定的现象，语义上的模糊性是"天生的""与生俱来的"，在概念或思想产生的同时就具有了模糊性。但是在表达中，有准确或精确的表达，也有模糊、不确定的表达，还有些形式专门用于模糊表达，比如"我知道了"是肯定、明确的表达，"我好像知道了"是模糊、不确定的表达。"你什么时候回来？"对于这个问题，"后天"就是个准确的回答，"过两天就回""大概后天"是模糊的回答，"两天""大概"都是意义模糊的词语，其作用是使表达变得不清晰、不明确。

虽然语义具有模糊性，但是我们从来不会把"水"和"粥"、"散步"和"跑步"混淆，为什么呢？因为语义具有典型性。虽然我们没办法把某个概念和另一个概念明确地划分出边界，但是最典型的成员是有明确的界限的。例如常温常压下无色无味的透明液体是"水"的典型，而"粥"典型地表现为用粮食煮成的半流质食物。

语义的典型性是由于在现实世界中，同类的事物会具有"家族相似性"，有的成员拥有更多的"家族"特征，从而成为典型。人们把各种各样的同类事物概括为一类范畴的时候，所形成的概念就只能是它们的典型特征、核心特征，也叫"原型"（prototype）特征。例如世界上存在各种各样的鸟，有的更"像"鸟一些，比如鹰、天鹅，有的不太"像"鸟，比如鹅。世界上存在各种各样的兽，有的更"像"，如虎、狮，有的不太"像"，比如蝙蝠。"鸟"和"兽"的核心特征是有明确的界限的，但是蝙蝠、鹅这样的成员边界就不好区分。

再如，"他打人""他睡了""他病了"都在说"他"的行为，但很显然，三个句子中的"他"在"行为发出者"的典型性上是不同的。在"打人"事件中，"他"最"像"动作发出者，而在"病了"事件中，"他"最不"像"主动发出动作者。显然，作为"动作发出者"，"打人"事件中的动作发出者更具有典型性。

三、真话和假话

（4）吴宗宪：我悄悄跟你说哦，她现在有个男朋友是卖马桶的，H 开头那个牌子哦（笑）。

鲁豫：你这都是哪儿跟哪儿啊，真的假的（笑）？（《鲁豫有约·开心果》）

当我们听到一句话时，会首先判断其所传递的信息是真还是假。语言学中，一句话所传递的信息叫命题，命题的真假叫真值。生活中如何判断话的真假？当然是去看事实是否如此。语言学中判断命题的真假则需要通过真值条件：某一语言的某个陈述只有与某种事态对应才为真，一个句子的中心意义就是其真值条件。

句子的语义与现实之间的对应关系决定了命题的真假。现实首先是存在于客观世界的事物。如下面这则新闻，"假新闻"的判断是基于当事人的亲身经历。

（5）（上周日）在社交网站上还有一张照片，说 C 罗的汽车在葡萄牙体育主场的停车库里。值得一提的是，这则传言甚至惊动了 C 罗，他在帖子下面留言道："假新闻。"（《C 罗辟谣重返葡萄牙体育》，青瞳视角，2022－07－18）

现实也包括基于客观世界的知识体系。《晋书·惠帝纪》曾记载：及天下荒乱，百姓饿死，帝曰："何不食肉糜？"因为这句话，晋惠帝被作为白痴皇帝成为千百年来被嘲笑的对象：连粮食都吃不上，更不可能有肉吃了。晋惠帝的建议是毫无意义的，因为不符合基本常识。

有的命题表达了"真理"，如："我就是我""圆圈是圆的""人都长着嘴""人死不能复生"，这些命题永远为真，因为这样的表达是"同义反复"。同样，也有命题永远是假的，如"圆圈是方的""太阳从西边出来""已婚的单身汉"。还有一些是"两难"的，如"本句为假"，如果此句为真，那么形式就是假的；如果此句为假，那么形式就是真的，所以这个句子不可能真也不可能假，它肯定有意义，但是没有真值。

　　有的命题的真值可以推导出来。例如下面这些句子中"他来了"的真假，可以通过前面的动词判断：

我知道他来了。　　　　　　　　"他来了"为真

我以为他来了。　　　　　　　　"他来了"为假

我怀疑他来了。　　　　　　　　"他来了"为真

我相信他来了。　　　　　　　　"他来了"真假不确定

他来了，我对此表示怀疑。　　　"他来了"为假

他来了，我深信不疑。　　　　　"他来了"为真

　　"怀疑 X"常常意味着根据说话人的推断，一定存在 X 这样的事情，所以 X 为真；而"表示怀疑"，是说明说话人不认为该论断是对的，所以 X 为假。

　　对于一个复杂的命题，也可以通过逻辑推理判断它的真值，如表 6 - 1 所示：

表 6 - 1　判断命题真值

命题	真值	命题逻辑
他要能考上，猪都能飞上天。	猪飞上天为假，他能考上为假	p→q 蕴含关系
我不可能不喜欢。	我喜欢为真	- p = p 双重否定
我到这里是来解决问题的，不是来跟你吵架的。	解决问题是真，吵架是假	p∧q 合取关系
我很丑但是我很温柔。	丑是真，不温柔是假	p∧q 合取关系
可免费升级海景房或养生房。	免费升级海景房/养生房不能同假	p∨q 析取关系
快点，就缺你了。	不是你的其他人都不缺	限定量词
——小张不是还在我这吗？	小张不是我，缺小张	存在量词
不想当元帅的士兵不是好士兵。	想当元帅才是好士兵	必要条件

四、语义羡余

表达一个意思所用的语义信息，有一个最小的需要量，超过这个最小需要量的语义信息就是冗余或羡余的。

语义羡余常常是因为某些语义因素或语法特征重复出现。例如"brilliant genius"中 genius（天才）的词义中本身就有杰出的意思，再出现 brilliant（杰出的）就造成了重复，形成语义羡余。"He is a brilliant genius"中，he 是第三人称单数形式，is 也是第三人称单数形式，这样主语和谓词核心中第三人称单数的特征重复出现，形成羡余。汉语的例子如：

（6）长江！长江！我是黄河！我是黄河！听到请回答！听到请回答！（电影《渡江侦察记》）

（7）我就是你的妻子，你是我的丈夫，我们永不分离。（电视剧《那年花开月正圆》）

（8）几个人车上车下盯着看，老马的眼圈又要红，赶紧说话。（兰晓龙《士兵突击》）

（9）渡尽劫波兄弟在，相逢一笑泯恩仇。（鲁迅《题三义塔》）

（10）好不热闹！

例（6）、例（7）中同一个句子或者同义句子重复使用，形成羡余。例（8），"盯"和"看"都是看的意思，形成羡余。例（9）中，"泯恩仇"是"忘记以前的仇恨"，其中的"恩"是多余的，例（10）中，"好不热闹"就是"好热闹"，"不"是多余的。

⌐ 思考与练习 ⌐

1. 整理并理解本课中以下术语的含义。

语义　语义三角　语义的概括性　语义的模糊性　语义的民族性
家族相似性　原型/典型　命题　真值　语义羡余

2. 下面这些带有"意"和"义"的词，哪些和"意义"有关？请找出
来，并说说它们的意思。

有情有义　义正词严　微言大义　顾名思义　义不容辞　讲义气
义务　义举　广义　含义　歧义
三心二意　不怀好意　词不达意　心灰意冷　春意盎然　打主意
做生意　创意　同意　满意　注意

3. 汉语里"意思"的意思很丰富，请说一说下面这些句子中的"意思"
是什么意思？

阿呆给领导送红包时，两人的对话颇有意思。
领导："你这是什么意思？"
阿呆："没什么意思，就是意思意思。"
领导："你这就不够意思了。"
阿呆："小意思，小意思。"
领导："你这人真有意思。"
阿呆："其实也没有别的意思。"
领导："那我就不好意思了。"
阿呆："是我不好意思。"

4. 如何理解语义的模糊性？"下午五点零五分""中国北京"，这样的表达也有模糊性吗？

5. 每种语言中都有一些专门进行模糊表达的词语，例如汉语的"大概""稍微"，请把下面表示肯定、确切的说法改成不肯定、模糊的表达。

（1）今天是 3 号。

（2）我过得很好。

（3）请把箱子拿开。

（4）我方愿意同贵方合作。

（5）如果对方一意孤行，我们将同对方解除合作关系。

6. 下面的表达都和"假话"有关，请把它们补充完整。

（　　）谣　（　　）谎　（　　）瞎话　食（　　）

以讹（　　）讹　鬼话连（　　）　胡说八（　　）

信（　　）雌黄　言不（　　）衷　（　　）大其词

弥天大（　　）　三人成（　　）　空口说（　　）话

满（　　）跑火车　睁着眼说（　　）话　说话不（　　）话

7. 判断下面句子的命题真值情况。

（1）你的就是你的。

（2）没有哪个母亲不爱自己的孩子。

（3）真希望世界上再也没有战争。

（4）我不知道你来了。

（5）真遗憾你没有和我们一起去。

8. 下面的句子都有语病，请分析语病产生的原因。

（1）夜深了，所有的房间都熄灯了，就他屋里还亮着灯。
（2）好险，差点我就及格了。
（3）这是当前工作的当务之急。
（4）两人水平相差悬殊太大了。
（5）睡前切忌不可饱食。

第七课 语义的构成

这天上午，我和莎莉文老师为"杯"和"水"这两个词发生了争执。她想让我懂得"杯"是"杯"，"水"是"水"，而我却把两者混为一谈，"杯"也是"水"，"水"也是"杯"。她没有办法，只好暂时丢开这个问题……

我们沿着小路散步到井房，房顶上盛开的金银花芬芳扑鼻。莎莉文老师把我的一只手放在喷水口下，一股清凉的水在我手上流过。她在我的另一只手上拼写"水"字，起先写得很慢，第二遍就写得快一些。我静静地站着，注意她手指的动作。突然间，我恍然大悟，有股神奇的感觉在我脑中激荡，我一下子理解了语言文字的奥秘了，知道了"水"这个字就是正在我手上流过的这种清凉而奇妙的东西。

——海伦·凯勒《假如给我三天光明》①

在海伦的故事里，老师努力让她明白"水"和"杯子"是不同的，对于只能从概念上去理解的海伦来说，要明白两个概念之间的区别是很不容易的，因为概念（义项）并不是一个最小的语义单位。

一、核心意义、附加意义、搭配意义、语法意义

下面的句子乍一看会让人感觉很奇怪，不知所云：

---

① 转引自刘乐土. 世界名著新点读：100本名书. 北京：华夏出版社，2012：291.

（1）买红彤彤。

（2）红彤彤买了跳跃。

（3）小狗红彤彤买了。

　　假如被告知，这些句子是有意义的，是"正常"的，你会怎么办？很有可能你会把其中的"红彤彤"和"跳跃"理解为某种东西的名字或代称，比如例（1）的意思是买了"红彤彤"那个牌子的东西，例（2）是一个有红彤彤特点的人买了一种叫跳跃的东西，例（3）是童话故事中发生的事情，一个叫红彤彤的小狗发生了购买行为。为什么会这样呢？因为在理解言语的过程中，人们常常需要一边听，一边"脑子跟着活动，联想说话的内容"，会努力将所听到的词语放到一个合适的框架中，从而做出最合理的语义解读。在这个过程中，至少涉及这样一些语义内容：语汇的核心意义、附加意义、搭配意义、语法意义。

　　核心意义，也叫概念意义、理性意义、词典意义，对于词汇来说，是其在静止、孤立状态下最基本、最核心的意义，是语言符号所反映的概念。上面三个例句中，包括"买""红彤彤""跳跃""小狗"这些词，"买""跳跃"指称的是动作、活动，"小狗"指称的是事物，"红彤彤"指称的是性质、状态。概念意义主要是语言单位的指称功能意义。

　　附加意义，也叫修辞意义、色彩意义，是在交际中所表现出来的意义。语言是为了交际，在交际语境下，语言单位会具有特定的表情意义、语体意义和联想意义。表情意义即说话人的评价、态度。例如汉语"狗"这个词，除了表示一种动物之外，还有贬义色彩，"狗东西"意思是"坏人"，"人模狗样儿"意思是"行为举止不像样，假装正经"等。语体意义即说出的话的风格。例如"狗东西""人模狗样儿"都是口语中常用的词，具有口语色彩；跟它们意思相近的"宵小之徒""衣冠禽兽"却具有非常浓厚的书面语色彩。联想意义是所使用的语言形式引起的联想。例如"红彤彤"会使人产生生动、形象的联想，具有生动色彩。以上各种附加意义都是经常、习惯使用的意义。

　　搭配意义就是在语词组合搭配时所体现出来的意义，常常跟事件的概念框架有关。例如看到"买"，就会联想到"谁买什么"这样的概念框架。上面的例子，若被告知这个句子是"正常"的、合乎规则的，人们自然就会把"买＋红彤彤"中的"红彤彤"看成"买"的对象，把"红彤彤买了跳跃"中的"红彤彤"理解成"买"这一行为的实施者，"跳跃"理解成"买"行为影响的对象，它们都具有了实体性质。

　　语法意义就是在遵循语法规则组合成句的过程中所产生的关系或者功能。例如"买书"中"买"和"书"在一起，"买"对"书"就产生了一种支配、影响的意义或功能，"书"就具有了被支配、被影响对象的意义或功能，这种支配—被支配的关系就是一种语法意义。

　　以上的核心意义、附加意义可以看作语言形式自己的意义，搭配意义、语法意义可以简单地理解为语言形式与其他语言形式组合使用时产生的意义。

二、语义特征

　　语义虽然是抽象的，无法具体感知到，但是人们可以通过分析，找到最小的语义单位，即语义特征，又叫义素或语义成分。

　　寻找语义特征的方法叫作语义特征分析法或义素分析法。一般的步骤是：先建立最小对比对，然后分析其中的区别，以能够把要分析的每一个成员都能和其他成员区别出来为止。如：

　　（4a）小李买书。

　　（4b）＊桌子买书。

　　（4a）和（4b）形成最小对比对。经过分析，发现"小李"是"人类"，而"桌子"不是"人类"，如果一个词含有某语义特征，就用"＋"表示，否则就用"－"表示，这样我们就可以确定一组语义特征［＋人类］［－人类］。那么，在"_____买书"这个框架中，要求进入空白的词或词组含有［＋人类］的语义特征。通过对比分析"桌子""小狗""男孩""女孩""父亲"这组名词，可以看到，"男孩""女孩""父亲"都可以放到此框架中，如表7-1所示。

表7-1　"桌子""小狗""男孩""女孩""父亲"的语义特征

名词	桌子	小狗	男孩	女孩	父亲
有生命	-	+	+	+	+
人类	-	-	+	+	+
男性	-	-	+	-	+
成年	-	-	-	-	+

分析出来的语义特征组合起来，就可以对这个词的语义进行描写。例如在这一组词中，"父亲"的语义可以描写为：父亲＝［有生命］＋［人类］＋［男性］＋［成年］。由于分析的角度和侧重点不同，同一个词的词义可能有不同的分解方法。例如"父亲"还可以这样描写：

生物学角度：父亲＝［人类］＋［成年］＋［男性］；

亲属关系角度：父亲＝［直系］＋［上一代］＋［男性］；

社会学角度：父亲＝［已婚］＋［社会］＋［复杂性思想］。

用语义特征，我们可以解释为什么例（1）、例（2）很奇怪、一般不能说。在例（1）、例（2）"买_____"的框架中，要求进入的成分具有［＋事物］特征，但是"红彤彤""跳跃"不含有这个语义特征。只有赋予它们相应的语义特征，组合才能成功，因此在交际中，只有使"红彤彤""跳跃"指称一个事物从而具有［＋事物］的特征，使"小狗"具有［＋人类］的特征，组合才能成立，即在修辞层面上这些说法是可以成立的。

语义特征是最小的语义单位，语义特征的组合可以称为义位，或者是词典中的一个义项。义位和义位组合可以构成词组义或句义。

三、语义场

1. 什么是语义场

包含共同语义特征的语义构成语义场，一般指的是概念场，场内各成员表达的是相近的概念。例如表达亲属关系的词都包括［＋亲属］特征，构成亲属义场；表达颜色的词都包括［＋颜色］特征，构成颜色义场；表达存在的句子都包括［＋存在］特征，构成存在句义场或存在范畴；表达拥有的句子都包括［＋拥有］特征，构成拥有句义场或拥有范畴。

语义场内各成员有一定的语义分工，每增加一个词，其他成员的语义范围就相应地缩小；每减少一个词，其他成员的语义范围就相应变大。例如表 7 - 2，关于同胞的表达构成了一个语义场。有的语言语义场里只有一个成员，有的语言语义场中有多个成员，对同胞关系的切分也不一样。

表 7 - 2　几种语言中对同胞关系的表达

汉语	哥哥		弟弟		姐姐		妹妹
日语	あに		おとうと		あね		いもうと
英语	brother				sister		
俄语	брат				сестра		
德语	geschwister						
韩语	형	오빠	남동생		누나	언니	여동생

从语义场来看，不同的民族认知世界的方式不同，认知的结果也不一定相同，因此，语义具有民族性。

2. 语义场类型

比较常见的语义场成员之间的关系有：上下义关系、分类关系、部分和整体关系、序列关系、同义关系、反义关系等。

某个词的词义包含在另一个词的词义之中，这种关系称为词的上下义关系。被别的词包含的称为下义词，包含别的词的词义的称为上义词。例如汉语中的"动物"和"狗"，英语中的"animal"和"dog"。因此上义词的词义可以蕴含下义词，例如，"那是一只狗"蕴含"那是一只动物"。

同类事物或现象中相互具有区别作用的个体之间存在分类关系，例如"男性、女性""中医、西医""太平洋、大西洋、印度洋、北冰洋"等。具有分类关系的词语常常和具有上下义关系的词语一起构成更多层次的语义场，如图7－1所示：

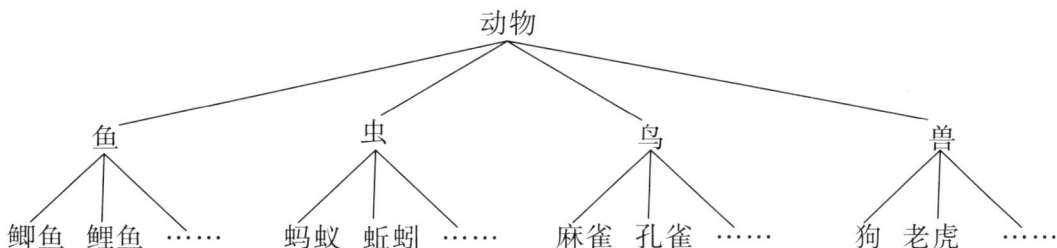

图7－1　分类关系

具有整和部分关系的词语可以放在"B 是 A 的一部分"格式中理解。例如"身体"和"手""脚""头""胸""腿"等之间的关系。

序列关系指的是具有一定的顺序关系。例如时间序列（昨天、今天、明天）、空间序列（东、西、南、北、中）、数量序列（一、二、三）、次第序列（首先、其次、再次、最后）、等级序列（学士、硕士、博士）等。

具有同义关系的词语是不同的群体对同一个事物或现象从不同的角度认识或采用不同编码手段的结果。因此，有些具有同义关系的词语核心意义相同，但附加意义不同，例如"太阳"和"日头"的区别在于语体色彩不同。有些同义词是二元的，如"亲自、亲身""界限、界线"；有些是多元的，如"全盘、通盘、全面、整体、整个、全部"等。

具有反义关系的词语具有对立关系，有的是对立互补关系，如"黑、白""生、死"等；有的是关系对立，如"买、卖""穿、脱"等；有的是极性对立，分别位于等级序列的两端，如"胖、瘦""冷、热"等。

四、语义衍生

1. 语义衍生及其机制

在使用过程中，语义会发生变化，语义衍生指的就是产生新义的现象。使用得越频繁，引申出新义的可能性就越大。例如汉语的"水"，最早指的是河、河水，后来泛指各种水，新的意义比原来的意义扩大了。"也太水了吧"，这里面的"水"表示质量不好、技术不高的意思。而"茶"的意义就没有这么丰富。

语义衍生一般是隐喻和转喻的结果。隐喻是把一种事物比喻成具有相似性的另一种事物，比如"姑娘好像花儿一样"。有些新义是通过隐喻产生的，例如："花衣服"中"花"指的是颜色鲜艳、多样，"眼睛花了"中"花"指的是混在一起，看不清。这两个意义的"花"都是从"花"作为一种植物，颜色多样的特征上引申而来的。再如"拿笔写字"和"拿真心对待"，在待人上，像拿笔写字那样，通过"拿"，拿着真心去对待，"真心"和"笔"一样都是工具、凭借。

转喻是把一种事物用具有相关性的另一种事物来表达，例如"花白胡子来了"表达的其实是"有花白胡子的人来了"，"花白胡子"是这个人身上的一部分，用部分来代替整体，就是转喻。有些新义是通过转喻产生的，例如"听"本来是听觉动词，发展出听从、服从的意思，是从听的动作发展为听的结果。

因此，语义的衍生在不同的语言中虽然有不同的路径，但也能体现出共同的特征。例如，"饭桌"一词，俄语、德语、英语都衍生出表示"饭食"以及各类桌子的意思。

俄语 стол：диетический стол（病号饭）   сытный стол（容易饱的饭食）

        кухонный стол（厨房桌子）   ломберный стол（呢面的牌桌）

        письменный стол（写字台）

德语 Tisch：bei Tisch（在进餐） nachtisch（甜点）

arbeitstisch（工作台） schreibtisch（写字台）

spieltisch（牌桌）

英语 table：a liberal good table（一桌丰富的菜）

billiard-table（台球台） card-table（牌桌）

dressing-table（梳妆台）

2. 多义词和同音词

语义引申过程中会产生多义词和同音同形异义词。当引申出来的新义与原有的意义有关联的时候，新义是作为原来的词的一个义项出现的，没有产生新的词，但是词的义项丰富了，成为多义词。例如："把戏"是多义词，有两个义位，一个是"杂技"，一个是"花招，蒙蔽人的手法"。

（5）小孩子特别喜欢看马戏团里小丑表演的把戏。

（6）所谓一夜暴富，不过是一些骗人的把戏。

多义词的几个义位中，最初产生的义位叫本义，由本义直接或间接派生的义位叫引申义。

引申义的产生基于隐喻和转喻两种机制。隐喻机制指的是引申义是在本义的基础上通过类比而生，例如"把戏"从表示杂技表演到表示欺骗人的手段，是通过类比产生的。转喻机制指的是引申义是在本义的基础上通过借代而生，例如"草莓"本指果实，但是也用它指能结出草莓果实的植物。

多义词的几个义位中，在某个时期最常用、最主要的义位，叫基本义。

基本义和本义可能是一致的，也可能不一致。例如英语"pen"本义是羽毛，在这个意义上引申出"笔"，并进一步引申出"笔力、笔法、写、圈"等意义。但是当前最常用的不是"羽毛"义，而是"笔"义。

那些意义比较单一，只含有一个义位的词叫单义词，例如汉语"桌子"

"北京""氧气"等。

如果引申出来的新义与原有的意义之间不容易看出联系，人们就习惯性认为出现了一个新的词，与原来的词形成同音同形但是不同义的关系，简称同音词。例如"刻"，本义是刻画的动作，由动作引申为动作的结果，指雕刻的作品，如"石刻"中的"刻"，古人还通过刻记号的方式来记录时间，因此"刻"引申出表示时间的意义，如"一刻"。但随着两者之间的关系逐渐不为人所了解，就形成了两个词，成为同音的关系。

很多语言中都存在同音词，例如英语的 bear（生育）和 bear（忍受）、fly（苍蝇）和 fly（飞）等。

五、多义和歧义

一个语言形式对应多种语义，称为"多义"现象，从理解的角度看，一个形式对应多种意义，容易形成误解，所以也把这种现象称为"歧义"现象。

有的多义现象是由同音词或多义词构成的。例如：

（7）（您贵姓?）我姓 zhāng 。（我姓张/章）

（8）他走了。（他离开了这里/他离开了世界）

（9）She can not bear children. （她不能生孩子/忍受孩子）

（10）They will make you smart. （他们会让你聪明/疼痛）

有的多义现象是由组合的多种可能性造成的。例如：

（11）抽屉没锁。（抽屉上没有锁头/抽屉没锁上）

（12）咬死了猎人的狗。（把猎人的狗咬死了/狗把猎人咬死了）

（13）The boy saw the man with a telescope. （the boy with a telescope /the man with a telescope，男孩用望远镜看到一个人/男孩看到一个带着望远镜的人）

思考与练习

1. 整理并理解本课中以下术语的含义。

核心意义　附加意义　搭配意义　语法意义　表情意义　语体意义
联想意义　语义特征（义素）　语义特征分析法（义素分析法）　语义场
上下义关系　分类关系　部分和整体关系　序列关系　同义关系
反义关系　语义衍生　隐喻　转喻　多义/歧义现象

2. 用语义特征分析法分析下面的词语。

（1）书　椅子　桌子　小提琴
（2）拿　握　提　抢

3. 下列词语存在什么语义关系？

（1）冰　水　　　　（2）远　近
（3）建筑　房子　　（4）春　夏　秋　冬

4. 说说乙的回答是什么意思，为什么？

（1）甲：给她买点什么水果？
　　　乙：除了香蕉，其他水果她都喜欢。
（2）甲：要不要吃个香蕉？
　　　乙：我不喜欢吃水果。

5. 下面句子中"理解"和"了解"都用错了，请说一说近义词"了解"和"理解"有什么区别。

（1）＊通过旅游我们可以理解中国，也可以提高自己的汉语水平。

（2）＊小时候我不能了解他这样的个性，可是现在觉得他这个地方很可爱。

6. 下面各句里的"花"哪些是多义词的关系？为什么？

（1）摘了一朵花。花：种子植物的有性繁殖器官。

（2）养了一盆花。花：供观赏的植物。

（3）我不喜欢太花的布料。花：颜色错杂。

（4）花了三块钱。花：用掉。

（5）他这个人太花。花：不真诚，不专一。

7. 说说下面语句中的歧义现象。

（1）这是小张的照片。

（2）我刚来，谁都不认识。

（3）小王借了小李一本书。

（4）他今天做手术。

（5）我们一连发起了三次进攻。

8. 下面列出了一些现代汉语里关于"击打"的词语，请选择合适的词语填空，并想一想，在你的语言中，分别怎么表达？有何异同？还可以做一个小调查，看看其他语言中，都有多少词来表达"击打"。

捶：用拳头重击　　　　　拍：用手掌轻击

扎：用条状物轻击　　　　捅：用条状物重击

砍：用刀或斧重击　　　　夯：重击，使结实

砸：用重物重击　　　　　敲：击打东西使出声

（1）眼睁睁看着车开走了，小姑娘急得（　　　）胸顿足，号啕大哭。

（2）都说一个巴掌（　　　）不响，打架两个人都有错。

（3）两边的山崖像刀（　　　）斧剁一般，十分凶险。

（4）我就是（　　　）锅卖铁，也要送你上大学。

（5）小的时候还干过用竿子（　　　）马蜂窝的事情，害怕，可是忍不住要去试试。

（6）你这些话，句句（　　　）心啊！

（7）街上（　　　）锣打鼓，好不热闹！

（8）（　　　）实基础，才能走得长远。

第八课　词汇的组成

　　一般人查字典是为了弄懂词的意义，而有些人却把词典当作有趣、消遣的读物。据多位作者所述，钱锺书先生就是这样一位读者。他把重得拿不动的大词典挨个字母逐条细读；他在漫长的旅途上手捧一本别人认为"索然寡味"的英文词典，怡然自得地读了一个月；他在去英国的轮船上与约翰逊博士的《英文词典》相伴，深得其中的乐趣，自称趣味之深，有不足为外人道者。我想如果我们有这种精神钻研一本英文词典，我们在许多方面都会有很大的长进。

——《24 位大师谈英语学习》①

　　学外语的人，恐怕都知道提高词汇量的重要性。很多励志故事，都提到通过背词典的方法帮助学习外语或者成为写作名家。因为词汇是语言的建筑材料，没有词汇，语言就是"无米之炊"了。

一、什么是词汇

　　所谓词汇，就是一种语言中词和习语的总汇。

　　听到一句话，不懂这门语言的人听到的就是一串音，而母语者很容易就能说出里面有几个词。所以一些语言学家认为，每个人都掌握着一部心理词典或者词库，词库是说话人语言知识的一部分。所以一个波塔瓦托米语（一种美国

---

　　①　http：//news. sohu. com/a/552528523_121124216.

印第安语言）的母语者，知道 kwapmuknanuk（他们看见我们）是一个单独的词，因为这个词以及与之相关的语义和发音都在他的词库里。

有些词会很长，例如《吉尼斯世界纪录大全》里收录了世界上最长的德语单词 "Donaudampfschifffahrtselektrizitätenhauptbetriebswerkbauunterbeamtengesellschaft"，意思是"多瑙河汽轮电气服务行政管理处总部下属机构官员协会"。在使用的时候，不论这个词多长，都是作为一个整体在使用，例如在 "Do you know anything about X?" 中，可以在 X 的位置换上这个长单词。

每个词都是一个音义结合体，因此，心理词库中储存的每个词都包括其语音特征、语义、语法特征，对于一个识字的人来说，还包括拼写即正字法的信息。但是这些信息，人们在使用的时候可能并没有清楚地认识到，如果心理词库中没有这些信息，我们就不知道如何构造合乎语法的句子。

二、词汇的性质

1. 形义的凝固性

词汇的形式和意义具有凝固性特征。具体表现为：词汇的意义具有整体性特征、词汇的意义与语音形式之间的配对具有稳固性特征。

词汇意义具有整体性，不可分割，不能将意义分配到词汇形式上去。一个词常常对应一个不可分割的概念，例如英语中使用 "sun［sʌn］" 指称太阳这种事物，"太阳，位于太阳系中心，发热、发光的天体"这个意义是一个整体，与［sʌn］这个语音形式整体组合。一个词和词的组合之所以成为习语，是因为其意义已经凝固了，例如英语里 "make hay while the sun shines" 从表面上看意思是"要趁太阳高照晾晒干草"，但是实际要表达的意思是"把握机会、勿失良机"或"未雨绸缪"，这个意义和短语中的各个词都没有关系，使用的时候却是作为一个整体进行表达。例如：

（1）Make hay while the sun shines, or you'll regret missing the opportunities in your life.（要把握良机，否则你会为失去人生中的众多机会而后悔不已。）

（2）Studying hard before the final examination is to make hay while the sun shines. （期末考试前努力学习，可谓"未雨绸缪"。）

词汇的形式和意义之间的配对是稳定的、恒定的，不以使用者不同、使用场合不同、时间变化而变化，因此可以放在词典中以便于学习。假如词汇的形式和意义发生了变化，那么就形成了新的词汇。

在语言使用过程中，一些非词的单位语义和形式固定了下来，就从非词变成了词。例如日语的转折连词"ただし"（不过）是在日本的中古时期（平安时代）由副词"ただ" + 副助词"し"构成的。再如"财务自由"指的是"花钱不受限制"，后来受该词词汇化的影响，出现了一批"……自由"的搭配，比如"车厘子自由""辣条自由"等，"自由"成为后缀。

2. 词汇的任意性和理据性

一种语言的词汇，尤其是意义单一的词汇，在语言的初始阶段，其音义之间是任意的。例如汉语中为什么用［tao］来称呼"刀子"，用飞［fei］来称呼"飞"行动作，用［ta］来称呼"大"这种性状，是无法得到解释的。同样的事物在不同语言中有不同的称呼，也是任意性的体现。如：

汉语：	刀	飞	大
英语：	knife	fly	big
俄语：	нож	лететь	большой
韩语：	칼	날다	큰
老挝语：	ໃບມີດ	ໂຜບິນ	ໃຫຍ່ໂຕ

不过在这些最基本的词的基础上产生的词，音义之间常常是可以解释的，也就是词汇具有理据性。例如汉语复合词"黑板""墨水"，其意义就是"黑 + 板""黑 + 水"组合而成的。同样，英语里"blackboard"的意义就是"black"（黑）和"board"（板）组合而成的，俄语中的"чернила"（墨水）是从形容

词"чёрный"（黑色的）派生而来的。

同源词，指的是有相同音义来源的词。例如汉语中的"巠（jīng）"是细而长的意思，虽然其音义是任意的，但是由该词产生的一系列词如"经（细而长的线）""颈（人体头部细而长的部分）""茎（植物细而长的部分）""径（细而长的路）"等，它们的读音、意义相同或者相近，都跟"巠（细而长）"有关系，是有依据的。除了同一种语言中存在同源词，不同的语言中也有可能存在同源词，这些语言一般是有共同祖先的亲属语言。例如汉语、壮语、泰语、藏语都属于汉藏语系，汉语中的"爵"和"雀"在上古汉语中读音相同，都是" * tsjakw"，"爵"最初指的是形状像雀的酒器。广西壮语［tçok⁷］既是麻雀，也是杯子。泰语的［ka-tçɔ:k⁷］同样既表示麻雀，也表示杯子。藏语酒杯是skjogs，喜鹊是skja-ka。从中可见音与义之间的理据性。

有些词，刚产生的时候，意义和形式之间的理据性是很明显的，但是随着时间的推移，形成这种意义的原因或者理据逐渐模糊了或者被忘记了，就导致了词义的隐晦、不透明。例如"东西"这个词，有一种说法是来自物产"东西南北中"，使用其中的"东西"代替所有物的产地；另一种说法是由于唐朝有东市和西市；还有一种说法认为，元明有海禁政策，后来政策渐松，来自东洋、西洋的货物越来越多，在市场上称呼这些货物有行话，如"好东好西""东矿西珍"，"东西"引申为四方物产，泛化成所有物事。对于这些解释，目前人们尚未达成共识，因为其来源、理据丢失，从词形表面看不到"物品"和东西方向之间的关系，因此词义就特别隐晦，而这种情况继续下去，"东西"就会被理解为单纯词。

3. 词汇的民族性

在学习外语的时候，我们首先会注意到不同语言的词汇具有鲜明的民族性。

首先，语音形式不同。词由音节组成，有轻重音、联音变化等语音特征。表达同样意义的词汇，不同语言采用的语音形式可能千差万别。例如汉语"人"［ren³⁵］有一个音节，英语person［ˈpɜːsn］是一个双音节词，俄语

человек [tɕɪle'vʲek] 则含有三个音节。

其次，词所包含的内容不同。不同的语言中意义完全对应的词几乎没有。这是因为不同语言对同一个概念有不同的切分方法，如表 8 - 1 中不同语言对身体部位有不同的命名方法。

表 8 - 1　部分语言对部分身体部位的命名

英语	意大利语	罗马尼亚语	爱沙尼亚语	日语	俄语
hand	minǎ	mina	käsi	te	ruka
arm	braccio	brat	käsi（vars）	ude	
foot	piede	picior	jalg	ashi	noga
leg	gamba				
finger	ditto	deget	sōrm	yubi	palec
toe			varvas		

但是，由于人类所面对的是同一个世界，人类所具有的思维能力、认知机制也基本相同，因此不同语言中的词汇也会表现出相同的一面。主要表现在两个方面：

第一，有些事物在不同语言中都有相应的词汇表达。例如：风、雨、太阳、月亮、父、母、白、黑、大、小、好、坏、生、死、来、吃、你、我，等等。

第二，词汇的形式与意义所反映的认知机制是相同的。例如意大利语言学家卡洛·塔格利亚维尼（Carlo Tagliavini）曾经调查了 100 多种语言对瞳孔的命名，发现有 9 种主要命名方式，分别是"球/鸡蛋/苹果""黑色""中心"

"星星/光""坚果仁/小核籽/珍珠""镜子""看/瞧""小孩/女孩/男孩/木偶""儿语的音节重复"，最易使用的是"小孩/女孩/男孩/木偶"。例如表 8-2 中表示身体头部的词在很多语言中都发展出"上端、前端"的意义，大部分语言都有用"头"来表达"首领、首脑"的意思。

表 8-2　表示头部的词的词义

	汉语	英语	法语	俄语	西班牙语	日语	韩语	泰语	越南语	印尼语	哈萨克语	蒙古语
	头	head	tête	голову	cabeza	頭	머리	สวนบน	Đầu	kepala	бас	толгой
头部	+	+	+	+	+	+	+	+	+	+	+	+
上端前端	+	+	+	+	+	+	+	+	+	+	+	+
首脑	+	+	+	+	+	+	+	+	+	+	+	（贬义）

注："+"表示存在该用法。

以汉语"头"为例："不小心撞得头破血流""一只小鸟飞上枝头""头儿说可以下班了"，用身体的"头"比喻事物的上端、前端或者人群中处于领导地位的人，这种隐喻是普遍存在的。

三、基本词汇和一般词汇

词汇中的每个成员的地位并不是完全一样的，根据是否常用、是否稳定，可以把词汇分为基本词汇和一般词汇两种类型。

基本词汇是词汇的核心部分，是一种语言中最常用、最稳定的部分，多与人们的日常生活密切相关，也常常是语言学习中最先学习的内容。如汉语有下面这些基本词汇：

物：人、手、风、雨、太阳、月亮、花、树……

动作：吃、睡、有、看、听、说、走、想、在……

性质状态：好、坏、多、少、黑、白、冷、热……

指示代替：这、那、你、我、谁、什么、哪……

基本词汇有三个特点：全民常用性、稳定性、能产性。全民常用性，指的是在使用范围、使用频率上，一种语言的基本词汇覆盖该民族的不同行业、不同文化、不同阶层，且在日常交际中离不开。稳定性指的是基本词汇的生命力很强，相对来说不容易产生变化，可以在不同时代使用，这在一定程度上保证了语言交际的连续性。能产性指的是基本词汇的构词能力强，是新词产生的基本材料。

不属于基本词汇的是一般词汇。一般词汇在全民性、常用性、稳定性、能产性方面或者其中的某一个或几个特征上均不如基本词汇。跟基本词汇相比，一般词汇数量多、变化快、成员复杂，大致包括新词语、外来词、古语词、方言词、习语等。

新词语是指称新事物、新现象、新观念、新思想、新技术的词语。"新"其实是个相对的概念，具有阶段性。例如中国国家语言资源监测与研究中心公布的"十大新词"，2019 年有"夜经济""5G 元年""极限施压""止暴制乱""接诉即办""夸夸群""基层减负年""冰墩墩/雪容融""杀猪盘""乡字号/土字号"。2020 年有"复工复产""新冠疫情""无症状感染者""方舱医院""健康码""数字人民币""服贸会""双循环""天问一号""无接触配送"。2021 年有"七一勋章""双碳""双减""保障性租赁住房""祝融号""跨周期调节""减污降碳""动态清零""德尔塔""破防"。

外来词是从其他民族语言中吸收进本民族语言的词汇，也叫借词，其主要形式是音译词和借形词，例如汉语中借自英语的"沙发""CD"。韩语里借自英语的"레이블링게임"（labelling game），"라스트핏 이코노미"（last fit economy）。

古语词包括文言词和历史词，一般只在特定的语言环境中才使用。例如

"皇帝""上朝"这样的历史词只能在影视剧、小说等作品中看到。

方言词的使用范围也有限制，局限在某一地区或特定人群。例如对太阳的称呼，山东一些地方叫"日头"，北京一些地方叫"老爷儿"，太原、呼和浩特一带叫"阳婆"，河南邓州还有"月嫁"的叫法。

习语又叫熟语、固定短语，由一个以上的词组成，其意义不能从单个词的意义中推知，像一个单纯词那样必须整体记住。不过也有一些习语组构性较强，透明度较高。下面简单举几种语言中习语的例子：

英语：throw her weight around（滥用权势，仗势欺人）

　　　hit it off（相处得好，合得来）

韩语：문망주우양（比喻以少胜多）

　　　일우명지（形容距离近）

泰语：ยังรู้พลาด นักปราชญ์ยังรู้พลั้ง（四脚还有错，哲学家还有错）

　　　ชักแม่น้ำทั้งห้า（拉五条河，比喻拐弯抹角，啰唆之极）

壮语：dawz rap ra hanz（挑担找扁担）

　　　rom nyauhsei guh banz（积虾子成盘菜）

越南语：ăn cháo đái bát（吃粥尿碗）

　　　　ăn mật trả gừng（吃甜蜜还辣姜）

土耳其语：suyun akintisina gitmek（顺水放船）

　　　　gözü açık gitmek（死不瞑目）

很多习语都起源于隐喻性的词语，就来源的领域看，神话传说、历史故事、历史典籍等是比较常见的。

汉语的习语类型非常丰富，其中歇后语是非常有特点的一种习语，在使用的时候可以前后两段都出现，也可以只出现前段或后段，由于具有猜谜性质，所以透明度比较低。来源于历史典故和古典作品的习语也很有特点，例如"破釜沉舟""卧薪尝胆""皮里阳秋""三个臭皮匠"等，这些常常需要知道有关的典故才能理解。

一般词汇和基本词汇在一定条件下可以转化。例如"电脑""信息"等是二十世纪中期随着计算机技术的发展而产生的新词，但是现在已经成为语言中的基本词汇；而基本词汇也可能成为一般词汇，例如古代汉语中的代词"吾"已经被"我"替代，变成了一般词汇。

四、词类

1. 什么是词类

词类就是从语法功能角度对词进行的分类。

语言的使用过程，简单地说就是组词成句的过程。每个词都有一定的组合能力，在所构建起来的结构中发挥一定的功能。组合能力相同的词可以在同样的位置上互相替换，这样的词可以归为一类，按照这样的方法分出来的类称为词类。例如："小张来了"中"小张"的位置可以换上"风"等词，"来"的位置可以换上"笑"等词，"了"的位置可以换上"过"等词，说明它们有相同的组合能力，而且它们所发挥的作用也是相同的，那么它们就各自形成一个类，分别是名词、动词、助词。

小张 来了。	小张来了。	小张来了。
风	笑	过
战争	说话	着
米饭	生气	
故事	经过	
……	……	……

可见，词类是从语法角度对词进行的分类，具体地说，是根据词的语法功能划分出来的类。每个词所属词类的性质，又称为词性。

2. 词的词汇意义和词类之间的关系

从意义上看，语言符号用来把人类对客观世界的认识进行打包。人们对客观世界的认识，最基本的是形成各种概念，因此词汇就是对概念的标记，或者说词汇表达的是概念。从概念的内容看，主要对应客观世界中的实体、活动、性状。

从表达维度看，人们使用语言符号主要有三种目的：指称、陈述和修饰。从理论上说，所有的语言符号都能用来指称、陈述、修饰，例如"北京"可以用来指称一个城市，也可以用来陈述一件事情，如"北京了"，意思是在行程中已经完成了北京这个环节；还可以用来修饰，如"北京精神"，意思是像北京那样的精神。再如"吃"可以用来指称一个活动，如"吃是维持生命的基本活动"；"吃"还可以陈述一个动作，如"吃了吗?""吃"还可以用来修饰，例如"吃相难看"中"吃相"指的是"吃的样子"，"吃"用来修饰限制"相"。不过，表达实体的词用来指称、表达活动的词用来陈述、表达性状的词用来修饰，是最典型也是最方便的。因此词汇意义和词法功能形成这样一种典型分布（见表 8-3）：

表 8-3　词汇意义的词法功能的典型分布

	指称	陈述	修饰
实体	名词		
活动		动词	
性状			形容词

也就是说，词类是一个典型范畴。

3. 实义词和功能词

很多语言都区分实义词和功能词，实义词也可以叫作实词，指的是有具体的实在意义的词，例如汉语的名词、动词、形容词、数词、量词、代词、副词都是这样的词。实义词又被称为开放类词，因为经常会有新成员加入其中。

功能词是没有具体的、实在意义的词，或者是不表示具体概念的词，它们在组词造句过程中的作用是表达各种语法关系，相当于"穿针引线""黏合剂""贴标签"的作用。在汉语里，介词、连词、助词、叹词都是这样的词。功能词又被称为封闭类词，因为它们的成员一般比较固定，可能需要经历很长一段时期才会有成员更替。

大量心理学、神经语言学的研究发现，人脑处理实义词和功能词的方式不同。当语言功能受损的时候，首先会失去对功能词的理解能力。

五、词汇的语义分类

就词语所表达的意义来说，可以分为理性意义和附加意义。

理性意义又称为概念义、核心义，是与词或习语的语音形式结合在一起的人们对客观对象的概括反映。

附加意义或附加义，又称为非理性意义、色彩意义或色彩义，是附着在理性意义上的主观态度或适用特征、容易产生的联想等。主要包括三种类型：

第一，感情色彩：指词的理性意义所附带的肯定、否定、喜爱、厌恶等态度，分为褒义色彩、贬义色彩、中性色彩。如："高尚""卑鄙""坚持"。

第二，语体色彩：指词的理性意义所使用的场合或风格，分为书面语色彩、口语色彩、中性语色彩。如"伉俪"和"两口子"所指相同，但前者具有书面语色彩，后者具有口语色彩。

第三，形象色彩：指词的理性语义所附带的由词形所引起的视觉或听觉形象的联想。例如"滚烫"让人联想到开水沸腾的样子，"爪牙"让人联想到猛兽尖利的牙齿和爪子。

任何一个词语都有理性意义，但是不一定有附加意义。有的词也可能会在使用过程中发展出附加意义。

根据词的意义，词有多种分类方法。例如：

单义词和多义词，是根据词的义项多少进行的分类。

同义词和反义词，是根据词义之间的关系进行的分类。

褒义词、贬义词、中性词，是根据词义的感情色彩进行的分类。

文言词、方言词、通用词，是根据词的语体色彩进行的分类。

回 **思考与练习** 回

1. 整理并理解本课中以下术语的含义。

基本词汇　一般词汇　习语　新词语　外来词　方言词　词类　实义词
功能词

2. 下面句子中"词汇"使用得是否恰当？

（1）你知道"给力"这个词汇是什么意思吗？

（2）虎虎生威、生龙活虎……这些和虎有关的词汇充满着力量。

（3）最近我在研究《红楼梦》词汇。

3. 引语部分提到一些人会通过背词典的方式学习外语，那么是不是学会了成千上万的词，就掌握了这种语言呢？谈谈你的看法。

4. 测测你的词汇量。

（1）准备一种标准词典。看词典前言对该词典收词数量的说明。假如有的词典没有说明，可以通过这种方式测算：选一页有代表性的页面，数一数上面的词条数量，乘以字典总页数。

（2）随机选出 4 页，数一数这上面的词条数量，看一看有多少是自己认识的，算出认识的词条数在这 4 页词条中的百分比。

（3）用百分比乘以词典收词总数，就是你大概的词汇量。

5. 下列语言单位，哪些是词，哪些是词组，哪些既是词又是词组？哪些是习语？

吃水　吃饭　吃醋　吃面包

喝西北风　喝茶　喝墨水　蓝墨水　胸无点墨

6. 习语收集。看一两个小时影视剧或者谈话类节目，或者与人聊天等，注意记下影视剧或节目、聊天中用到的习语。

7. 上网的时候注意一下最近一段时间有哪些流行语，把它们搜集整理出来。

8. 关于朋友，很多语言中都有习语，请说一说你对下面所列汉语习语的理解，并写出自己母语中类似的习语。

（1）君子之交淡如水。

（2）二人同心，其利断金。

（3）相识满天下，知心能几人。

（4）路遥知马力，日久见人心。

（5）人之相识，贵在相知；人之相知，贵在知心。

（6）海内存知己，天涯若比邻。

（7）一个好汉三个帮。

（8）患难见真情。

第九课 构词法和造词法

中山装：孙中山参照中国原有的衣裤特点，吸收南洋华侨的企领文装和西装样式，本着适于卫生、便于动作、易于经济、壮于观瞻的原则，亲自主持设计，由黄隆生裁制出的一种服装式样。

——《中华文化习俗辞典》①

词的构造可以从构词法和造词法两个方面进行考察。构词法指词的结构方式，造词法是创造新词的方法。

一、语素和词素

语素和词都是音义结合体，不过语素是最小的音义结合体，而词是最小的能够独立运用的音义结合体。

例如，"我们今天很高兴"这句话中，"我们""今天""很""高兴"都是词，它们分别有独立的意义，而且可以再用来组成其他词组和句子，即可以独立运用。

同样，在这句话中，"我""们""今""天""很""高""兴"也都是有意义的，而且它们不能再继续分解出别的音义结合体，它们都是语素。其中"我""天""很""高"可以直接成词，称为成词语素；而"们""今""兴"必须和其他语素组合之后才能成词，称为不成词语素。这些语素在组词的时

---

① 祁庆富．中华文化习俗辞典．北京：中国国际广播出版社，1998.

候，"们"的位置比较固定，不能随便使用，称为黏着语素；而"我""天""很""高""今""兴"在组词的时候在位置上没有要求，叫作"自由语素"。

从词里切分出来的语素又可以叫作词素。根据词素的意义以及在词中的作用，可以把词素分为词根和词缀。

词根是词汇中意义比较实在的词素，词汇的意义主要来自词根。词缀是词汇中意义比较抽象的词素，词缀常常表达一种附加意义或者语法意义。例如"高兴"中的"高"和"兴"都有实在的意义，都是词根；"我们"中"我"有实在的意义，是词根，"们"的意义比较抽象，表达复数的概念，是词缀。再如"worker"中"work"的意义比较实在，而"-er"表达名词属性，是词缀。

根据在词中的位置，词缀可以分为前缀、中缀、后缀。

词缀处于词首位置时称为前缀，例如汉语"老虎"中的"老"、英语"unhappy"中的"un-"。

词缀处于词的末尾位置时称为后缀，例如汉语"绿油油"中的"油油"，英语"happiness"中的"-ness"。

词缀处于词中部时称为中缀，如汉语"土里土气"中的"里"，拉丁语"findo"中的"-n-"。

俄语中，构成复合词时，常用连接元音把两个词根复合起来，如"самолёт"（飞机）中的"-o-"，"пылесос"（吸尘器）中的"-e-"，它们只有连接作用，可称为连接词缀。

二、构词法

从词的结构来看，有的词是由一个语素构成的，叫单纯词，有的词是由两个或两个以上语素构成的，叫合成词。

1. 单纯词的结构类型

单纯词可以是单音节的，也可以是双音节、多音节的，如表 9 – 1 所示：

表9-1 单音节单纯词、双音节单纯词和多音节单纯词

语言	单音节单纯词	双音节单纯词	多音节单纯词
汉语	人、我、来、大	玻璃、扑通、奶奶	巧克力、布尔什维克
英语	mouth、kill、black	finite、zigzag	tsunami、America
法语	vingt、mer	seisme、bonbon	sifflerh、Aspirine
俄语	но、грудь、марш	также、это	колонна、командир
阿拉伯语	كلب、الأم	صخر、القمر	شوكولاتة、الأولمبية
西班牙语	ver、hoy	bajar、amor	olvidar、preocuparse

还有一些语言存在无音节单纯词，例如俄语的"в"（在……里）、"к"（在……之前）等。

2. 合成词的结构类型

合成词中包含两个或两个以上的语素。对于含有两个语素的合成词来说，如果两个语素都是词根，我们称之为复合词；如果其中一个是词缀，我们称之为派生词。如复合词：

汉语：黑板＝黑＋板 星星＝星＋星
俄语：военнослужащие（军人）＝военно（军事）＋служащие（服务的人）
西班牙语：casacuna（幼儿园）＝casa（房子）＋cuna（摇篮）

派生词，以汉语为例：

前缀＋词根：老虎、初五、第一
词根＋后缀：盖子、弹性、记者
词根＋中缀：土里土气

当一个词含有三个及三个以上的语素时，内部就具有层次关系，语素在组

合的时候有先后顺序。例如：

汉语：向日葵＝［向＋日］＋葵　　　半自动化＝半＋［［自＋动］＋化］

英语：outdoorsman＝［out＋doors］＋man　　semiconductor＝semi＋［conduct＋or］

不同民族的语言，在词的构造上有不同的倾向，例如汉语中，复合词（尤其是双音节复合词）占优势，派生词、单纯词相对较少。

三、造词法

从一个新词产生的过程看，利用语音、语义、词汇、语法、修辞手段都可以创造新词，不过最普遍的手段是利用已有的词汇材料来创造新词。

1. 词汇手段造词

词汇手段是创造新词的最主要的方法，主要有：复合法、词缀法、截取法、缩略法。

复合法是将词根和词根组合起来创造新词，例如：手＋机→手机，hair＋cut→haircut，新人類＋ジュニア→新人類ジュニアエコ（新人类少年）。

有时候可以把一个短语的各个成分使用连词符连接起来构成新词，如英语：come-and-go（来来往往）、son-in-law（女婿）；俄语：изба（小木屋）-читальня（乡村）（乡村阅览部）、не（别）-тронь（碰）-меня（我）（含羞草）。使用复合的方法创造新词，常常是通过一个词根构成一个家族，如：

丹麦语：vogn（马车）、personvogn（轿车）、lastvogn（载重卡车）、varevogn（货车）……

stol（椅子）、spisestuestol（餐椅）、lænestol（靠背椅）、liggestol（躺椅）……

词缀法是通过附加或减少词缀创造新词的方法。最常用的是增加前缀或后缀的方法。如：

前缀法：反 + 人类→反人类　　анти（反）+ человечество（人类）→ античеловеческий（反人类的）

后缀法：write + er→writer　　писа + тель→ писатель

中缀法：印尼语 gigi（牙齿）+ er→gerigi（锯齿）

去缀法：

	原词	去掉后缀	新词
英语：	television（电视）	-ion	televise（电视播送）
俄语：	подходить（走近）	-и-ть	подход（方法）

去缀法所去的"缀"其实原本并不是"词缀"，是由于原词的发音很容易让人联想到词缀。再如英语中的"beggar""burglar""cobbler""editor""peddler""surveillance"原本都是单纯词，被误认为是带有后缀的结构之后，出现了"beg""burgle""cobble""edit""ped""surveil"等新词。

截取法与去缀法相似，有的新词是把一个词去掉一部分而成，但去掉的部分不是词缀，甚至也不是语素，例如：

refrigerator→ fridge（冰箱）　　demonstration→demo（范例）

mathematics→ math（数学）　　laboratory→lab（实验室）

有的新词是从两个词中各取一部分拼接而成，所截取的部分也不一定是语素，例如：

motor + hotel→motel（汽车旅馆）　　somke + fog→smog（烟雾）

spoon + fork→spork（叉勺）　　situation + comedy→sitcom（情景喜剧）

缩略法是通过缩减固定短语创造新词的方法，例如：

汉语：共产主义青年团→共青团

英语：Young Communist League→Y. C. L.

俄语：коммунистический Союз Молодёжи →Комсомол

2. 语音手段造词

利用语音创造新词，最常用的是模拟事物声音的办法，即摹声法，例如汉语的"布谷鸟"，英语的"cuckoo"，俄语的"кукушка"都是模拟布谷鸟的叫声创造出来的。汉语、日语等很多语言中都存在拟声词，也是通过摹声法创造出来的。

对于已有的词汇，改变其语音形式，也可以创造新词，新词常常与原词在词性上有变化。例如：

改变声调：

汉语：藏（cáng，动词）→藏（zàng，名词）

　　　好（hǎo，形容词）→ 好（hào，动词）

改变重音：

英语：'re'fill　→'refill（名词）；re'fill（动词）

　　　'over'hang→'overhang（名词）；over'hang（动词）

3. 语义手段造词

通过多义词的语义分解也可以创造新词，例如：

汉语：刻（动词，雕刻、刻画）→ 刻（名词，时刻、时间）

　　　钟（名词，乐器、敲钟）→ 钟（名词，计时器、钟表）

英语：nail（名词，指甲）→ nail（名词，钉子）

俄语：свет（名词，光）→ свет（名词，人世）

4. 语法手段造词

利用语法手段创造新词，最常见的是通过改变词性来创造新词，又称转类法，例如：

汉语：锁（名词→动词，用锁锁住）　代表（动词→名词，代表的人）

英语：hammer（名词，锤子→动词，锤打）

antique（形容词，古代的→名词，古玩→动词，逛古玩店）

俄语：столовая（形容词→名词，食堂）

учительская（形容词→名词，教员室）

5. 修辞手段造词

通过比喻、借代、仿拟、委婉、夸张等手段创造新词。例如：

比喻造词：汉语"饭桶"，英语"antenna"（触须→天线），俄语 крест（十字架→苦难）。

借代造词：汉语"挂拍"（把球拍挂起来→结束运动员生涯）、"伯乐"（代指善于发现人才的人）。

仿拟造词：模仿"强势"造出"弱势"，模仿"酒吧"造出"水吧""氧吧""书吧""休闲吧"等词。

委婉造词：如"个人问题"指婚事，"百年之后"指去世，"下岗"指失业。

夸张造词：如"千张"指豆腐干片，"什锦"指由多种材料制成或多种花样的，"云霄"指高空。

有的词可能是通过多种修辞方式创造而成的，如"海量"使用了比喻、夸张的方法。

四、词义透明度

从词义和词形的关系上看，有些词义能够从构词成分的意义上推知，有的词义不能从构词成分的意义上推知，前者我们称为词义透明度高，后者我们称为词义透明度低。

词义透明度指的是词义可以从构成要素的意义上推知的程度。词义的透明度表现了词汇在语义上的组构性。例如"微笑"的意义可以分析为"微+笑"，词汇义可以从"微""笑"的意义推知，由此可以说，"微笑"的词义透明度高，具有高组构性，认为其是词组也未尝不可。可见，词和词组之间并不是截然分开的，会有既像词又像词组的语言单位存在。

从词义和构词成分的意义之间的关系上看，透明度大致可分三种类型：①完全透明：词义基本上可从构成要素的意义上得出；②比较透明：构成要素对词义的理解有示意作用；③不透明：词义不能从构成要素的意义上得出。完全透明的词在结构上具有高组构性，不透明的词在结构上具有低组构性。（见表9-2）

表9-2　汉英词义透明度例子

透明度	汉语例子	英语例子
完全透明 高组构性	哀叹（悲哀地叹息）、养精蓄锐（养足精神，积蓄力量）	haircut（理发）、lay down the law（定规矩，发号施令）
比较透明 中组构性	黑店（非法、不公开的店）、饮鸩止渴（用危险的办法解决问题）	blackboard（黑板）、swallow the bitter pill（接受不愉快的事实）
不透明 低组构性	东西（物品）、煮豆燃萁（手足相残）	steward（乘务员、服务员）、kick the bucket（死亡）

⌐┐ **思考与练习** ⌐┐ ──────────────────────────

1. 整理并理解本课中以下术语的含义。

语素　自由语素　黏着语素　词缀　词根　合成词　单纯词

2. 请先把"我们都很高兴"翻译成母语，然后分析其中的语素、词素、词的结构类型等信息。

我们都很高兴	＿＿＿＿＿＿＿＿＿＿＿＿＿（翻译为母语）
语素（＿＿个）有：＿＿＿＿＿	语素（＿＿个）有：＿＿＿＿＿
词（＿＿个）有：＿＿＿＿＿	词（＿＿个）有：＿＿＿＿＿
单纯词有：＿＿＿＿＿	单纯词有：＿＿＿＿＿
合成词有：复合词＿＿＿＿＿	合成词有：复合词＿＿＿＿＿
派生词＿＿＿＿＿	派生词＿＿＿＿＿

3. 说说下面汉语词汇的造词法。

榴莲　他信力　云梯　电话　偷偷　耳目

4. 画线连接。为左列英语形式选择合适的结构描述。

（1）noisy crow（吵闹的乌鸦）　　A. 复合词
（2）scarecrow（稻草人）　　B. 功能词＋名词
（3）the crow（这乌鸦）　　C. 形容词＋名词
（4）crowlike（像乌鸦的）　　D. 词干＋词尾
（5）crows（乌鸦，复数）　　E. 词根＋后缀

5. 请按照你的理解，把下列词按照词义透明度分类。

马路　公路　跑路　留后路　条条大路通罗马

6. 下面给出了祖鲁语的一些名词，请分析这些词后回答问题。

umfazi（已婚妇女）	abafazi（已婚妇女，复数）
umfani（男孩）	abafani（男孩，复数）
umfundisi（教师）	abafundisi（教师，复数）
umlimi（农夫）	abalimi（农夫，复数）
umdlali（游戏者）	abadlali（游戏者，复数）
umfundi（阅读者）	abafundi（阅读者，复数）

（1）在祖鲁语中，表示"单数""复数"的语素是什么？

（2）祖鲁语中一些动词是通过名词加上动词性后缀派生而来的。下面列出了三个动词：

fundisa（教）　lima（培养）　baza（雕刻）

那么，祖鲁语中的动词性后缀是什么？名词性后缀是什么？动词"阅读"是什么？

7. 下面是卢干达语的一些材料，A、B 两组有相同的词根，但是 A 组有一个前缀，表达"一个"；B 组有一个前缀，表达"小……"。请根据这组材料回答问题。

（1）请分析出每个单词的词根和词缀，把表格填写完整。

A	B	词根	词缀
ẽmpipi（一个肾脏）	akapipi（小肾脏）	（肾脏）_____	（一个） _____ （小） _____
ẽŋkoːsa（一片羽毛）	akakoːsa（羽毛）	（羽毛）_____	
ẽnapo（一座房子）	akaːpo（小房子）	（房子）_____	
ẽmːãːmːo（一个夹子）	akabãːmːo（小夹子）	（夹子）_____	
ẽŋːõːmːe（一个号角）	akagõːmːe（小号角）	（号角）_____	
ẽnːĩmiro（一座花园）	akadĩmiro（小花园）	（花园）_____	

（2）请根据分析出来的规则，写出对应的单词。

ẽnugẽni（一个陌生人）　　　_____（小陌生人）

ẽriobi（一个动物）　　　　_____（小动物）

_____（一个男孩）　　akapoːbe（小男孩）

_____（一个树枝）　　akatabi（小树枝）

第十课　语法单位和语法规则

　　海伦猜对了。当安妮踏进房里，海伦不见了，她看到衣柜的门轻轻摇动。这个小鬼又在捣蛋，安妮笑着走向衣柜，她轻轻拉开柜门，海伦藏在衣柜里。

　　海伦面对老师洋洋得意，手上拿着一张写了"女孩"的纸卡，地上放的纸卡写了"在""衣柜""里面"。那是海伦第一次自己组成的句子！

　　安妮慈爱的微笑瞬间凝住了，她痴痴地站着："我的小宝贝！"泪水涌满安妮的双眸，成串滴下。

　　安妮屈膝蹲在海伦旁边，拉着她的小手，写下："海伦使老师很快乐。"

——海伦·凯勒《假如给我三天光明》①

　　安妮老师为什么那么激动呢？因为海伦不再是重复、模仿老师，而是自己说（写）出了一个老师从来没有说过、她自己也从来没有听（见）过的句子。那么，为什么海伦能够说出从来没有听过的话、能够听懂从来没有说过的话呢？这是因为她掌握了语法规则。

一、语法和语法单位

1. 什么是语法

　　语法是语言的结构规则，也就是由小的音义结合体组合成大的音义结合体所遵循的规则，简单地说，就是组词成句的法则。

---

① 海伦·凯勒. 假如给我三天光明. 夏志强，等译. 北京：光明日报出版社，2009：355.

　　人们在使用语言表情达意的时候，需要按照一定的规则使用语言材料，比如：选择什么语言材料，如何使用这些语言材料，先说什么再说什么，等等。例如：

汉语：昨天大阪下大雨。

英语：It　rained　　　　heavily　in　Osaka　yesterday.
　　　它　下雨　　　　很大地　在　大阪　昨天

日语：Kinoh　　Osaka-de　　　　ohame-ga　　　　hutta.
　　　昨天　　大阪－处所助词　大雨－主语助词　降下－过去时

乌尔都语：Kal　Osaka　men　tez　　bari　shhui.
　　　　　昨天　大阪　在　　很大的雨　发生

他加禄语：Umolan　　　nang　malakas　sa　Osaka　kahapon.
　　　　　下雨　　　　地　很强　　在　大阪　昨天

越南语：Ngày hôm qua　troi　mua　　to　　o　Osaka.
　　　　昨天　　　　天　下雨了　很大　在　大阪

匈牙利语：Tegnap　sokat　esett　az　　esõ　Oszak　á-ban.
　　　　　昨天　　很多地下了　限定词　雨　大阪　往……里

阿拉伯语：'amsi　nazalat　'amçārun　azīratunrī　'Ōsākā.
　　　　　昨天　下了　　雨　　激烈的　　在大阪

　　"下大雨"这个事情，在表达的时候，不同的语言可以提供的音义结合体不同，有的语言中"大雨"是一个名词，有的语言中"大雨"是一个动词。有的语言中"大"和"雨/下雨"要分开表达；"大雨"在分开表达时，"大"在前还是在后、要不要带修饰语的身份标记也有不同的处理。

　　上面的例子说明，语言的语法构造及其基本词汇是语言的基础，是语言特点的本质。不同民族的人根据本民族语言的语法规则组词造句，形成了不同的语言面貌。语法规定词的变化规则、用词造句的规则。词的变化规则即词法，用词造句的规则即句法。词法和句法构成了该语言的语法系统。

2. 语法单位

语法单位是语言学家对大大小小的音义结合体进行的分类，有多种分类方式：

三级语法单位：语素、词、句子。

四级语法单位：语素、词、词组（短语）、句子。

五级语法单位：语素、词、词组（短语）、句子、句组。

六级语法单位：语素、语素组、词、词组（短语）、句子、句组。

不论采用哪种分类方法，语素、词、句子在功能上有质的区别。

语素和词都是最小的音义结合体，但词是能够独立运用的语言单位。

词组（或短语）和词都能独立运用，但是词组是由词组成的，不是最小的。

句子是最小的使用单位，与词和词组的区别在于，句子带有一定的语调。

语素和语素组都是用来构词的，即具有构词功能。词和词组都是用来构成句子的，即具有造句功能；句子和句组都是用来进行言语交际的，即具有表达功能。

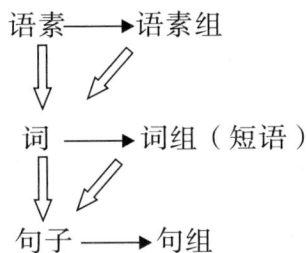

语素──→语素组

词 ──→ 词组（短语）

句子──→句组

图 10 - 1　语法单位关系图

在上面这个语法单位关系图（图 10 - 1）中，水平方向的单位之间具有组合关系，上下方向的单位之间具有形成关系，例如：语素可以直接形成词（如"学"），也可以组合成语素组形成词（如"学习""历史比较语言学"），词可以直接形成句子（如"我！""谁？"），也可以组成词组之后再形成句子（如"我的！""你看看是谁？"）。

二、语法规则的递归性和层次性

1. 语法规则的递归性

每种语言中，词汇是有限的，规则也是有限的，但是为什么能够满足该民族所有人的交际需求，能让他们说出无限多的句子？为什么一个人能够听得懂、说得出从来没听过的话、从来没说过的话？这是因为语法具有递归性。

一种语言所包含的结构有大有小，大的结构在理论上说可以无限复杂，但是这些复杂的结构都是由小的、简单的结构按某种规则构成的，并且同样的规则可以重复使用。语法规则可以层层嵌套、重复使用，这个特点就是语法的递归性。例如：

A	B
树	我知道
枣树	我知道你
高大的枣树	我知道你不知道
那棵高大的枣树	我知道你不知道他
院子里那棵高大的枣树	我知道你不知道他也不知道

A 组是定中关系的层层嵌套，B 组是主谓关系的层层嵌套。这些规则都可以重复组合使用，例如：

C

树、院子、人

高大的枣树、宽敞的院子和来来往往的人

D

我知道，你也知道

我知道，你也知道，大家都知道

C、D 两组都是通过并列的方式重复使用某种结构形式，在这种组合中，常常会使用一些连接词语，例如"和""也"等。

由于语法具有递归性，我们就可以运用有限的规则创造出无限的句子，这就是语法的生成性。由于语法的递归性和生成性，我们就可以理解无限的、从来没听说过的句子，也可以通过学习来学会使用非本族语言。

2. 语法结构的层次性

由于语法规则的递归性，语法结构具有层次性的特点。邻近的语言符号并不一定具有组合关系。例如"吃你的苹果"中，和"吃"组合的并不是紧挨着它的"你"，而是"你的苹果"，所以在分析句子的时候，不是看谁和谁挨在一起，而是看谁和谁直接组合。能够直接组合的成分称为直接成分，分析直接成分的语言学方法，称为直接成分分析法，或层次分析法。

例如："我们都喜欢语言学"，可通过提问"我们怎么样"划分出第一对直接成分——"我们"和"都喜欢语言学"，"我们"已经是词，就不再继续分析。再通过"都怎么样"划分出第二对直接成分——"都"和"喜欢语言学"，再通过"喜欢什么"划分出第三对直接成分——"喜欢"和"语言学"。

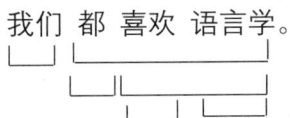

我们 都 喜欢 语言学。

对于组合层次理解不同，就会形成不同的语义解释。例如：

咬死了 ‖ 猎人的狗　　咬死了猎人 ‖ 的狗

old man ‖ and woman　　old ‖ man and woman

因此在语法分析中可以使用直接成分分析法来分析语法结构的多个层次，通过找到具有组合关系的直接成分，分解多义现象。例如：

三、语法规则的系统性

1. 语法系统的组成

语法是一个体系，一般认为语法包括词法和句法。词法指的是词的构成和变化的规则，包括构词法、形态和词类。构词法即词的构成规则，主要研究词的结构类型，如单纯词、合成词等。形态即词形变化，也就是词在使用的时候，在样貌上是否需要变化、发生什么变化。例如英语中动词在使用的时候需要考虑携带时态、人称等标记，而汉语动词在使用的时候样貌上一般不发生变化。词类，即词的语法分类，如名词、动词、形容词等。

句法指的是组词成句的规则，主要研究词组（短语）、句子的结构规律和类型，包括句法关系、句法手段、句法分析等。句法关系指的是词组或句子的构成成分之间的语法关系，例如"我们学习"中"我们"和"学习"之间存在主谓关系，"学习语言学"中"学习"和"语言学"之间存在述宾关系。句法手段是用来表达句法关系的语法形式，常用的句法手段有语序、虚词、词形变化、语调等，下一节将具体说明。句法分析是对句法结构中的各个词语的语法作用及其相互关系进行分析，找出其结构层次及层次内部的关系。不同的语法理论会使用不同的句法分析方法，例如，结构语言学使用形式分析方法如直接成分分析法（或层次分析法）、转换分析法；转换生成语法使用短语结构规则通过树形图进行分析；格语法通过分析句法结构中名词或名词短语的格功能来分析结构的深层语义关系。

在语法体系中，存在一些比较重要的概念，这里介绍两组，从中也可以看到语法的系统性。

自由和黏着：简单地说，"自由"是"能够单说"，"黏着"是不能"单说"。有些语法项目在使用中比较自由，组合能力较强，而有些语法项目在使用中比较受限制，经常固定在某一特定位置上。以汉语为例，根据构词能力大小，语素可以分为自由语素和黏着语素，自由语素组合能力强，对位置的需求也没有限制，而黏着语素则相反，例如"人"是自由语素，可以组成"人民／人力／人格……""家人／能人／素人……"，而"者"是黏着语素，只能以后缀形式放在谓词性语素或语素组后面，如"记者／老者／造谣者／能者（多劳）……"。在造句能力上，功能词常常是黏着的，常常不能独立出现，要求与其他成分一起出现，对位置也有要求，而实词则一般比较自由，例如汉语的助词（如"的""所""了"等）、介词（如"把""对""向"等）、连词（如"所以""而"等）都是这样的黏着词类。既使是同一个词类，内部成员也会有自由和黏着的差异，例如在汉语形容词中，有一类形容词只能作定语，只能用在"是……的"中，例如"黑白（电视）""民办（学校）""银（餐具）"等，这类词也被称为区别词，和一般的形容词不一样。在句子的类型中，也有自由和黏着的不同，例如形容词单独作谓语的句子，"主语＋形容词"一般不单说，常常需要与其他句子并列使用，如单说"今天热"常常让人感觉话没说完，要说成"今天热，昨天不热"感觉话才说完，而"主语＋很＋形容词"在使用上就相对自由多了，如单说一句"今天很热"就很自然。

替代和变换：替代和变换是常见的句子分析方法，替代就是将某一位置上的项目换成另一个项目，可以在某个位置上替代使用的项目具有聚合关系，形成一个类。例如"我们都喜欢语言学"中，"我们"的位置上可以换成"同学们""大家""张三和李四"等，但是不能替换成"我""张三"，能替换的都表达复数概念，不能替换的都表达单数概念。变换也叫转换，是将一个语言形式按照一定的规则改变成另一种形式，且不改变基本内容。通过变换分析，可以看到不同形式之间的关系。例如陈述句"小孩吃了苹果"可以转换成"把"字句"小孩把苹果吃了"，还可以转换成"被"字句"苹果被小孩吃了"，疑问句"小孩吃了苹果没有？"通过转换，可以看到这些句式之间的内在关系。

2. 词汇和句法的关系

词汇是语言的建筑材料，在词库中，词所包含的信息非常丰富，除了词的概念意义、色彩意义，还包括词的搭配意义、语法意义等信息。词的搭配意义、语法意义都会直接影响句子的构造。

美国语言学家伦纳德·泰尔米（Lornard Talmy）曾经对运动事件的表达方式进行了研究，发现不同的语言在概念化运动事件的时候，有的语言把运动方式、原因概念化在动词的词义中，有的语言把路径信息概念化在动词的词义中，这种不同的概念化方式，对运动事件的表达有明显的影响。他根据不同语言对路径信息的处理，把世界语言大概分为两种类型：动词框架语言（verb-framed language）和卫星框架语言（satellite-framed language），前者如英语、汉语，后者如西班牙语等。例如下面英语、西班牙语的句子表达的意思都是"瓶子漂进山洞""我把酒桶滚到储藏室（我滚酒桶到储藏室）"，但是表达方式很不相同：

英语：The bottle floated into the cavel.（漂［运动＋方式］＋进［路径］）

I rolled the keg ball into the storeroom.（滚［运动＋原因］＋进［路径］）

西班牙语：La botella entróa la cueva flotando.（运动进［运动＋路径］＋漂［方式］）

Metí el barril a la bodega rodandolo.（使运动进［运动＋路径］＋滚［原因］）

英语中，运动动词包含运动的方式或原因，路径单独用词表达；西班牙语中，运动动词包含路径，而方式或原因需要单独用词表达。

可见，词汇对句子的形式影响很大，在汉语的第二语言教学中，曾经有"小语法、大词法"的观点，即在一个个词中去掌握语法规则，上面所举例子说明这种观点有一定的道理。

这一现象也提醒我们，学习外语，每个词、每种句式都需要放在所在语言的系统中去理解。除了一些特殊的词（例如专业术语），很多词汇在另一个语言中都没有意义上完全对应的词汇。学习一门外语，其实就是学习一种观察世界的方式。

四、语法的语言共性和个性

在"昨天大阪下大雨"的例子中，我们首先可以看到，不同的语言有不同的表达手段，表现出非常明显的语言个性。但是如果仔细分析，还可以看到语言之间在语法形式上存在着一定的共性。

第一，在所有的语言中，表示时间的词，无论在左侧，还是右侧，都处在句子的最外层。

第二，大部分语言中，介词与宾语的顺序与动词与宾语的顺序是一致的。例如：日语、乌尔都语都是 OV 语序，也就是宾语放在动词之前，这些语言中介词宾语（大阪）也都放在介词（或者处所标记）前。而英语、他加禄语、丹麦语、越南语等语言，都采用 VO 语序，也就是动词放在宾语前，它们的介词宾语也都放在介词后。

第三，一些采用 VO 语序的语言，如英语、丹麦语、越南语，修饰语（"很大地"）都放在中心语［"下（雨）"］后面。

以上共性中，第一条可以说是绝对共性，对于所有的语言都适用；第二条是倾向性很强的共性，对于相当多的语言都适用；第三条是有一定倾向性的共性，对于比较多的语言是适用的。

这些共性是可以解释的：在事件表达中，时间与动词的关系最远，而动词与宾语在语义上关系最近、最直接，因此反映在形式上，动词和宾语常常很紧密地放在一起，而时间词与动词之间的距离很远，这符合"距离象似性原则"。

动词与宾语的位置、介词与宾语的位置、修饰语与中心语之间的位置常常表现出一种"和谐"关系：如果动词放在宾语前，则介词放在宾语前，中心语放在修饰语前，因为它们都属于"统辖—被统辖"，或者"操作符—操作域"的关系，或者是表现出"同一分支方向"。

思考与练习

1. 整理并理解本课中以下术语的含义。

语法单位　语法的递归性　直接成分　直接成分分析法

2. 分析"昨天大阪下大雨"和你的母语对应句中的各级语法单位，完成表格。

	昨天大阪下大雨	母语翻译
词	昨天、大阪、＿＿＿＿、＿＿＿＿	
语素	昨、＿＿＿＿、大阪、＿＿＿＿、＿＿＿＿、雨	
短语	下大雨、＿＿＿＿＿、＿＿＿＿＿＿＿	

3. 请在下面这个句子的基础上写几个长句子。根据这些句子，请思考：这揭示了语言的哪种本质？

我喜欢语言学。

如：你知道我喜欢语言学。

　　我喜欢你喜欢语言学。

4. 找出下面句子的直接成分，说明为什么多义。

（1）两个学校的家长都来了。

（2）我们要学习文件。

（3）他们三个一组。

（4）我想起来了。

5. 请对比下面汉语和英语对于声音的表达，说说词汇对语法的影响。

（1）汽车"嗖"的一声从他身边过去了。
　　The car whizzed by him.
（2）一辆卡车轰隆隆地驶进了大门。
　　A truck rumbled through the gate。
（3）别叽叽喳喳的了，言归正传吧。
　　Cut the cackle and get down to business.
（4）碟子、碗碰得叮叮当当的。
　　The dishes and bowls slid together with a clatter.
（5）一阵叮当声，冰激凌小贩推车来了。
　　The jingle of bells announces the arrival of the ice-cream truck.

6. 下面是汉语、日语、英语在认知地方和地方上的事物时的表达。请仔细对比，找出三种语言在动词的使用上有什么区别。

汉语：教室里有3个学生。我在教室。
日语：教室に学生が3人います。（字面：教室－学生－3人－有）
　　　私は教室にいます。（字面：我－教室－有）
英语：There are three students in the classroom. （字面：那里－是－3个学生－教室里）
　　　I'm in the classroom. （字面：我－是－教室里）

7. 英语名词有可数名词和不可数名词之分。请根据下面的材料（＊表示不能说），说说名词的可数不可数意义对句子表达的影响。

I have two dogs.（我有两条狗）

＊I have two rice(s).（我有两粒米）

I have a dog.（我有一条狗）

＊I have a rice.（我有一粒米）

＊I have dog.（我有狗）

I have rice.（我有米）

He has many dogs.（他有很多狗）

＊He has many rice(s)．（他有很多米）

＊He has much dogs.（他有很多狗）

He has much rice.（他有很多米）

第十一课 语法手段和语法范畴

最初，我不怎么愿意学拉丁语语法。因为学语法得浪费时间去分析每一个字，什么名词、所有格、单数、阴性等，真是烦琐死了。我想，也许我该用生物学的分类法来了解我养的那只猫吧。目：脊椎动物；部：四足动物；纲：哺乳动物；种：猫。具体到我那只，则名叫塔比。但随着学习的深入，兴趣则越来越浓，拉丁文的优美使我陶醉了。我常常念拉丁文的文章来做消遣，有时则利用认识的单词造句。

——海伦·凯勒《假如给我三天光明》①

我们在接触一门外语的时候，首先感受到的是跟我们熟悉的语言不一样的形式，而学习外语的目的，就是弄明白这些形式与意义之间的关系。

一、语法形式和语法意义

当一个语言单位和另一个语言单位进行组合的时候，相互之间必然产生关系，同时又与所组成的整体产生关系。例如汉语"花"和"红"这两个词，放在一起说，在形式上可以允许两种组合："花红"和"红花"。这两个成分在不同的组合中产生了不同的"化学反应"，产生了不同的联系，使组合呈现出不同的意义：在"花红"这种组合形式中，"红"可以发挥陈述、说明"花"怎么样的作用，"花红"是一个主谓结构；而在"红花"中，"红"发

---

① 海伦·凯勒. 假如给我三天光明. 北京：北京出版社，2019：77-78.

挥的作用是修饰、限制"花"，"红花"是一个偏正结构。在英语中"red"和"flower"要是放在一起说，又是另一番景象，它们在进入组合时，首先需要考虑以何种形式出现：以"a flower"形式出现还是以"flowers"形式出现？以"red"形式出现还是以"be red"形式出现？组合时也需要考虑先后和位置问题，这样产生的组合就会有"a/the red flower""（the）red flowers"和"a/the flower is/was red""（the）flowers are/were red"等形式，"red"在前面时，发挥的作用是修饰限制，整个组合是一个偏正结构；"red"在后面时，发挥的作用是陈述说明，整个组合是一个主谓结构。

可以看到，在不同的语言中，语言单位组合时遵循的语法规则不同。在这些语法规则的指导下，语言单位组合后产生的物质形式，就是语法形式；该物质形式所负载的意义，就是语法意义。

汉语中，"红花""花红"都是语法形式，前者是主谓结构，后者是偏正结构，成分之间的陈述关系、修饰关系就是语法意义。

英语中，除了整体上的主谓结构和陈述关系、偏正结构和修饰关系之外，每个词还有各种词形变化以及由此所表达的意义。例如"flower"，在进入组合的时候，需要确定是前面带"a/the"还是后面加"-s"，这些形式表达的意义分别是：单数还是复数、有定还是无定。

以上各种形式总称语法形式，各种意义总称语法意义。

简单地说，语法意义就是语言单位在组合成结构过程中产生的意义，包括关系意义和功能意义。关系意义指的是结构成分之间的关系，如主谓关系、偏正关系等；功能意义指的是成分在结构中的作用和功能，例如名词作主语的功能、后缀"-s"表示复数的功能等。语法形式是组合后的物质体现，也是为了完成各种语法意义而采取的各种形式手段，例如先后顺序、辅助的功能词、加后缀等。

语法意义和语法形式是一个问题的两个方面，二者不可分割。任何一种语法形式都会表现某种语法意义，任何一种语法意义都会由某种语法形式来体现。

显然，不同的语言有不同的语法形式和语法意义。不同的语言有各自不同的语法意义体系；同一种语法意义，不同的语言表现的形式不一定相同。例如英语的名词在使用的时候，要考虑是单数还是复数，但这在汉语中不是必需的。假如需要明确数量，可以通过副词（如"学生都来了"），或者数量词（如"一群学生来了"）帮助说明，当然也可以像英语那样在名词后面加上后缀"们"（"学生们来了"）。

在一种语言内部，语法形式和语法意义也不都是一一对应的关系。有三种情况：

（1）一种语法形式对应一种语法意义。例如英语的"the"表示定指。

（2）一种语法形式对应多种语法意义。例如英语的后缀"-s"，加在名词后表示复数，加在动词后表示第三人称单数的一般现在时。德语"der""die"除了表示定指，还表示名词的性或数。

（3）几种语法形式对应一种语法意义。例如汉语表示有定，可以用指示代词"这""那"，如"你认识这个人吗"，也可以用放在动词前的手段，如"人来了"。

二、语法手段

语法意义通过语法形式来体现，每种语言都有自己习惯使用的方式，即各种语法手段。总体来看，可以分为词法手段和句法手段两类。

词法手段又称为综合性手段，即通过词的不同形式变化来表示不同的语法意义，主要包括词形变化、轻重音、重叠等手段。

句法手段又叫分析性手段，指的是通过结构的变化来表示不同的语法意义，主要包括语序、虚词、词类、语调等手段。

1. 词形变化

词形变化，又叫形态，指的是词的形式样貌的变化。有些语言中，一个词在使用的时候，其形式会发生变化，但这些变化并不影响词本身的词汇意义，形式的变化只是为了说明某种语法意义。例如：

He works in a hospital.（他在医院工作）

He worked hard last year.（去年他工作很努力）

Now he is working.（现在他在工作）

He has worked for 3 years.（他工作已经三年了）

在以上句子中，动词"work"以不同的词形出现，每一种形式负载了不同的语法意义。虽然形式不同，但词汇仍然只有一个。套用"音位"的概念，这些不同的形态，属于同一个"词位"。

/work/：work、works、worked、working

词在使用中发生的这些变化，称为词形变化或者形态变化，规定一种语言中词的形态如何发生变化的规则称为构形法。构形法和构词法都是词法的一部分，不过，构词法研究的是语素如何构成新词，构形法研究的是词在使用时如何体现语法意义。

通过词的形态变化来表达语法意义的手段，主要有附加法、屈折法、异根法、零形式等。

（1）附加法，即通过在词干上增减或变换词缀来表达语法意义的方法，这是最常见的构形手段。

上文英语动词"work"在组合当中就采用附加后缀的方法来表达语法意义，这种表达语法意义的后缀，不影响词本身的词汇意义，和派生词中的词缀不同，因此，这种后加的词缀有一个专门的名称，叫"词尾"。

俄语中不仅可以用词尾来表达语法意义，还可以通过前缀来表达语法意义。例如：

Вчера он смотрел фильм. но не посмотрел ero до конча.

昨天　他　看　　电影　但　没　看　　　它　　完

昨天他看一部电影，但是没看完。

在这句话中，смотрел 是动词 смотреть（看）的未完成体过去时阳性形式，посмотрел 是完成体过去时阳性形式，其中前缀"по-"是完成体标记。

（2）屈折法，也叫"内部屈折"，是利用词根语素中部分音素的变化来表示不同语法意义的方法。例如：

英语：foot（脚，单数）—feet（脚，复数）

build（修建，现在时）—built（修建，过去时）

俄语：собирать（收集，未完成体）—собрать（收集，完成体）

（3）异根法，即利用语源不同的同义词根来表示不同语法意义的手段。例如：

英语：good（好，原级）—better（好，比较级）—best（好，最高级）

tell（告诉，现在时）—told（告诉，过去时）

俄语：хорошо（好，原级）—лучше（好，比较级）

（4）零形式，即不采用任何变化的原形形式来表达语法意义的方法。如表 11－1 所列的俄语阳性名词 закон（法律）的各种变格形式中，第一格单数和第四格单数都使用了原形即零形式的方法。

表 11－1   俄语 закон 的变格

	第一格	第二格	第三格	第四格	第五格	第六格
单数	закон	закона	закону	закон	законом	законе
复数	законы	законов	законам	законы	законами	законах

2. 词的轻重音

词的轻重音又叫"重音移动"，即通过词的重读或轻读来表示不同语法意义的手段。例如：

　　汉语：禁止买卖人口。（买卖［mai²¹⁴mai⁵¹］，词组，买和卖）

　　　　　又做成了一笔买卖。（买卖［mai²¹⁴mai］，名词，生意）

　　英语：to export products（出口商品）（export［ɪkˈspɔːt］，动词，出口）

　　　　　the export of products（商品的出口）（export［ˈekspɔːt］，名词，出口）

3. 重叠

重叠即指利用词根或词干的重复来表达语法意义，东南亚很多语言使用这种方法。例如汉语名词重叠可以表达"逐个"或"周遍"的意义，如"天天来"；形容词重叠可以表示程度加深，如"脸红红的"；动词重叠可以表示短时或尝试，如"晚上散散步，看看电影"。日语、越南语、马来语也都有名词重叠形式。

4. 语序

语序，又叫词序，即通过词的排列顺序来表达语法意义。例如汉语中"我读书"是可以的，但是"书读我、读书我"的说法是不合乎语法的。俄语中，语序就不这么重要，"Я（我）читаю（读）книгу（书）""книгу читаю я""книгу я читаю"等都是可以说的。

5. 虚词

很多语言利用虚词的增减变换来表示不同的语法意义。例如汉语中"我的书""我和书"，使用的虚词不同，所表达的语法意义也不同。这样的虚词主要有两类：一类是辅助词，例如英语中帮助表达时态的"will""shall"等助动词以及"a（an）""the"等表示名词限定性的冠词等。另一类是一些功能词，如介词，包括放在名词之前的前置词（如英语"in"）和放在名词之后的后置词（如日语"に"［ni］），以及连词、语气词等。

6. 词类

不同性质的语言单位功能有所不同，选择不同类型的语言单位，也是表达不同语法意义的手段。如汉语"花儿 + _____"，如果选择一个名词，可能组成联合结构或偏正结构，如"花儿草儿""花儿形状"，如果选择一个形容词、动词、数量词语，可能组成主谓结构，如"花儿红""花儿开""花儿一朵"。

7. 语调

语调是指利用句子语音上的高低、轻重、长短、快慢等变化及句子内部的语音停顿来表达不同的语法意义，主要是表达陈述、疑问、命令、感叹等语气。例如汉语中，不同的停顿方式会形成不同的结构关系。例如有一则笑话，主人嫌弃客人在自己家逗留，就写了一副对联："下雨天留客，天留我不留。"希望客人看到后自觉离开，可是客人把它念成了："下雨天，留客天，留我不？留！"停顿、语音变化完全改变了原来的意义。

以上语法手段并不是所有语言都要使用的，有的语言可能倾向于使用其中的几种手段，有些手段可能在某种语言中不存在。总体上看，有些语言比较习惯使用词法手段，有些语言比较习惯使用句法手段，前者被称为综合性语言，后者被称为分析性语言。

三、语法范畴

语法形式所表达的语法意义也是多种多样的，这些语法意义可以根据内容进行分类，这样就形成了语法范畴。例如英语有单数和复数，归纳起来就是数范畴。语言中比较常见的语法范畴有：性、数、格、时、体、态、人称、式、级。

1. 性

性范畴表示语法上对事物的性别观念种类。例如俄语名词、形容词区分阳性、阴性、中性。例如：дом（房子）、путь（道路）是阳性名词，школа（学校）、фамилия（家庭）是阴性名词，письмо（信）、здание（楼房）是中性名词，表示"美丽的"的形容词，阳性的是 красивый，阴性的是 красивая，中性的是 красивое。

法语中，形容词和冠词也有性的区分。例如：

beau cadeau（漂亮的礼物） le cadeau est beau.（礼物漂亮）

belle maison（漂亮的房子） la maison est belle.（房子漂亮）

"农民"如果是男性，则采用阳性形式 un paysan（男农民），如果是女性，则采用阴性形式 une paysanne（女农民）。

语法上性的区分和生物性别没有必然的联系，但是生物名词的性大部分跟自然性别有关。迪尔巴尔语（Dyirbal，一种澳大利亚语言）名词有四类，分别带不同的前缀来区分性特征。第一类名词带有前缀 bayi，主要包括男人和各种动物；第二类名词带有前缀 balan，包括女人、水、火、战争和其他危险的东西，以及其他并不危险的东西，如鸟类和鸭嘴兽、袋狸等奇异动物；第三类名词带有前缀 balam，主要指非肉类食物；第四类名词带有前缀 bala，包括剩余的其他事物。

2. 数

数范畴是语法上对人、事物、现象的数量的区别。很多语言区分单数和复数，如：

英语：knife（刀子，单数） knives（刀子，复数）

俄语：komnata（房间，单数） komnaty（房间，复数）

斯瓦希里语：ki-su（刀子，单数） vi-su（刀子，复数）

有的语言有更复杂的数的区分，如 Manam 语有四种数的区别：

áine ŋara -ø

女人 那 －第三人称单数（那个女人）

áine ŋara -di

女人 那 －第三人称复数（那些女人）

áine ŋara -di   -a   -ru

女人那 －第三人称 －缓冲成分 －双数（那两个女人）

áine ŋara	-di	-a	-to
女人那	—第三人称	—缓冲成分	—少数（那几个女人）

一种语言中也不是所有的名词都会有数范畴，例如英语中有可数名词和不可数名词，不可数名词就没有单复数的区别。汉语里可以用"们"表示复数，但是人类之外的事物一般不能用"们"，例如可以说"孩子们""老乡们""网民们"，但是不可以说"狐狸们""大象们""石头们""城市们"。

在一些语言中，如法语，形容词和冠词也有数的变化。

法语：le cheval royal（单数，皇家马匹）

les chevaux royaux（复数，皇家马匹）

3. 格

格范畴表示名词或代词在句子中的作用、与其他词之间的关系。很多语言中名词在不同的句法位置上形态有区别，如：

匈牙利语：ember（主语）　　ember-t（宾语）　　ember-nek（间接宾语）
（人/男人）

拉脱维亚语：ruden-s（主语）　　　ruden-i（宾语）　　ruden-im（间接宾语）
（秋天）

俄语有六个格，第一格即主格用在主语位置上，第二格即属格用在定语位置上，第三格即与格用作间接宾语，第四格即宾格用作直接宾语，第五格即工具格作状语表工具，第六格即前置格作状语表处所等。以俄语中表示钢笔尖的名词为例，其在各个位置上的形式是：перо（主格）、пера（属格）、перу（与格）、перо（宾格）、пером（工具格）、пере（前置格）。

在有的语言里，同一个词以不同的格出现，与动作完成的样态有关。如下面韩语两个句子都是"我给地浇水了"的意思，但是第一句意味着地没浇完，第二句意味着地浇完了。

韩语：　nae-ka　　　path-ey　　　　mwul-ul　　　cwu-ess-ta.

　　　　我 – 主格　田地 – 与格　水 – 宾格　给 – 过去时 – 陈述句

　　　　nae-ka　　　path-ul　　　　mwul-ul　　　cwu-ess-ta.

　　　　我 – 主格　田地 – 宾格　水 – 宾格　给 – 过去时 – 陈述句

4. 时

时范畴又称时态，是一种很常见的语法范畴，表示说话时间和动作行为发生时间之间的相对关系。例如俄语有现在时、过去时、将来时的区别：

现在时：Я решаю（我决定）

过去时：Я решал（我曾决定）

将来时：Я буду решать（我将决定）

有的语言还有过去、非过去，或者将来、非将来等区别方式，如：

印度坎纳达（Kannada）语：

avanu　　manege　　hoː-d-a.

他　　　家　　　　去 – 过去时 – 阳性　第三人称单数（他回家了）

avanu　　manege　　hoːgu-tt-aːne.

他　　　家　　　　去 – 非过去时 – 阳性　第三人称单数（他回家/他要回家）

美洲拉科塔（Lakota）语：

ma-khúži

第一人称单数 – 病 非将来时（我病了/我病着）

ma-khúži   kte

第一人称单数 – 病 将来时（我要病）

5. 体

体范畴表达的是动作行为所处的阶段或过程。常见的体范畴有：完成体和未完成体、进行体和非进行体等。例如英语有进行体和完成体两种范畴。

进行体：I am writing a letter.（我正在写一封信。）

完成体：I have written a letter.（我写了一封信。）

汉语的动词有多种体范畴：

完成体	进行体/持续体	已行体	短暂体
读了	在读/读着	读过	读读

6. 态

态范畴表达的是动作和施事者的关系，包括主动态和被动态。

	主动态	被动态
英语：	The workers built a house.	A house was built by the workers.
俄语：	рабочие строят дом.	дом строится рабочими.

英语的被动态表现为"be + 动词过去式 + by"，俄语被动态的形式是：动词带"-ся"，动作发出者使用第五格（工具格）。

7. 人称

人称范畴表示行为和主体的关系，一般分为第一人称、第二人称、第三人称。像汉语有人称代词"你""我""她/他/它"，这些是词汇意义，不是语法意义。

俄语有三个人称，以动词"читать"（读）为例：

第一人称		第二人称		第三人称	
单数	复数	单数	复数	单数	复数
читаю	читаем	читаешь	читаете	читает	читают
（我）读	（我们）读	（你）读	（你们）读	（他）读	（他们）读

英语动词"to be"要随人称及数、时的变化而变化，主语是第三人称单数时，动词会有单数标记，如现在时第一人称后用 am，第二人称后用 are，第三人称后用 is。

8. 式

式范畴表达说话人对句子内容的主观态度，表现行为与现实的关系，指出行为是现实的、愿望的，还是假定的。常见的式范畴有陈述式、祈使式/命令式、现实式、非现实式/虚拟式等。英语、俄语中都有陈述式、祈使式、非现实式，如：

陈述式：He is reading.　　　　он читает.（他在读。）

祈使式：Read it!　　　　читай.（读吧!）

非现实式：He should have read it.　　　он читал бы.（假如他读。）

有时候式范畴会出现在内嵌的小句中，如：

西班牙语：

Creo　　　　que aprende.（我相信他在学习）

相信 第一人称单数、现在时、陈述式　　　他　学习 第三人称单数、现在时、陈述式

Dudo　　　　　　　　　que aprenda.（我怀疑他在学习）

怀疑_{第一人称单数、现在时、陈述式}　　他　学习_{第三人称单数、现在时、虚拟式}

9. 级

级范畴表示性质和状态的程度差别，一般有原级、比较级、最高级。英语和俄语的形容词和副词都有级范畴，如：

原级（"高的"）	比较级（"更高的"）	最高级（"最高的"）
俄语：высокий	вы ше	высочайший
英语：high	higher	highest

以上几种语义范畴，性、数、格主要属于名词，时、体、态主要属于动词。不同的语言语法范畴的数量不尽相同，如法语有性范畴，没有格范畴。俄语、德语、英语都有格范畴，但是俄语有 6 个格，德语有 4 个格，英语有 2 个格。除了以上常见范畴，还有其他范畴，如有定、无定等。

思考与练习

1. 整理并理解本课中以下术语的含义。

语法形式　语法意义　语法手段　语法范畴

屈折　语序　性　数　格　时　体　态　人称　式　级

2. 汉语有句话说：四川人不怕辣，贵州人辣不怕，湖南人怕不辣。通过这句话谈谈语序在汉语中的作用。

3. 对比下面的句子，说说使用了哪些语法手段？分别起到什么作用？

我吃了。　我吃过。　我吃着。　我吃吃。

我吃来着。　我吃下去。　我吃起来。　吃来吃去一个味儿。

4. 重叠是汉语重要的语法手段，请比较下面句子中的重叠部分，总结汉语动词重叠和形容词重叠的作用。

（1）尝尝我做的菜，好吃吗？

（2）每天看看电影，打打游戏，时间就过去了。

（3）你可以去请教请教他。

（4）他今天穿了一件雪白雪白的衬衫。

（5）地上铺了厚厚一层落叶。

5. 分析下面来自萨摩亚（Samoan）语的例子，把表格补充完整。

manao（他希望）	mananao（他们希望）
matua（他老）	matutua（他们老）
malosi（他强壮）	malolosi（他们强壮）
punou（他弯腰）	punonou（他们弯腰）
atamaki（他明智）	atamamaki（他们明智）
savali（他旅行）	＿＿＿＿＿＿（他们旅行）
＿＿＿＿＿＿（他唱歌）	pepese（他们唱歌）
laga（他纺织）	＿＿＿＿＿＿（他们纺织）
总结：萨摩亚语单数动词形式构成复数动词形式的规则是＿＿＿＿＿＿＿＿＿＿＿＿＿＿＿＿	

6. 请根据下面斯瓦希里（Kiswahili）语的材料总结出这种语言动词的形态变化规则，把表格填写完整。

ninasoma（我读）   tunasoma（我们读）

unasoma（你读）   mnasoma（你们读）

anasoma（他读）   wanasoma（他们读）

nimesoma（我读过了）   tumesoma（我们读过了）

umesoma（你读过了）   mmesoma（你们读过了）

amesoma（他读过了）   wamesoma（他们读过了）

nilisoma（我读了）   tulisoma（我们读了）

ulisoma（你读了）   mlisoma（你们读了）

alisoma（他/她读了）   walisoma（他们读了）

nitasoma（我将要读）   tutasoma（我们将要读）

utasoma（你将要读）   mtasoma（你们将要读）

atasoma（他将要读）   watasoma（他们将要读）

人称和数	ni-	第一人称单数
时态	-na-	现在时

7. 分析下面斯洛文尼亚（Slovene）语的句子，找一找这种语言表现了哪些语法范畴，这些语法范畴是通过哪些语法手段体现的？

Fant		in	dekle	se		igrata		na	ulici.	Pravkar/zdajle		je
男孩_{主格}		和	女孩_{主格}	反身代词		玩_{现在时、未完成体}		在	街	现在		话题

fant　　vzel　　　　　žogo　in　jo　vrgel　　　　dekletu.

男孩_{主格}　拿_{过去时、完成体}　球_{宾格}　和　她_{宾格}　扔_{过去时、完成体}　女孩_{与格}

男孩和女孩正在街上玩，现在男孩拿了球，扔给女孩。

第十二课　语法结构和语法功能

甲：你别吹，我当着各位老师和同学我来考考你，咱们来一段反正话。

乙：什么叫作反正话呢？

甲：就是我说一句话，你把这句话反过来再说一遍，能说上来就算你聪明！

乙：咱们可以试试。

甲：说来就来，我的桌子。

乙：……

甲：我的桌子。

乙：我的桌子。

甲：唉，你怎么这么笨啊，我说我的桌子，你就要说我的子桌！

乙：哦，我明白了。

甲：明白啦！下面我们开始。从头说到脚！看你反应怎么样啊！

乙：没问题！

甲：我脑袋。

乙：我呆脑，我呆头呆脑的啊！

——相声《反正话》，表演者：马季、唐杰忠

　　在语言使用过程中，语法单位依据一定的规则进行组合，组合的结果即为语法结构，在语法结构中，每个构成成分在结构中承担一定的功能，成分之间存在的关系称为语法关系。人们在说话和听话的时候，会自然遵循结构的规则去组织、理解组成部分之间的关系。

一、结构成分和结构关系

组成一个句子或短语的自然板块叫结构成分，或者句子成分、句法成分。成分是完整的，可独立存在。我们通过一些方法来测试"独立"的成分。如前文在直接成分分析法中提到的提问法。除了提问，还可以用替代法、移动法。例如：

我喜欢语言学。　　　　　　　　两个女孩子喜欢研究语言学。

我喜欢什么？语言学。（提问法）　谁喜欢研究语言学？两个女孩子。

我喜欢那个。语言学。（替代法）　两个女孩子喜欢那个。研究语言学。

语言学我喜欢。（移动法）　　　　研究语言学两个女孩子喜欢。

　　　　　　　　　　　　　　　喜欢研究语言学的女孩子是两个。

这样我们可以把"两个女孩子喜欢研究语言学"分析为：［［两个］［女孩子］］［［喜欢］［［研究］［语言学］］］，或者：

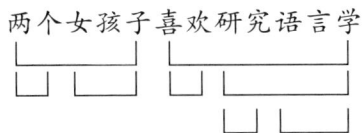

还可以使用树形图的方式描绘：

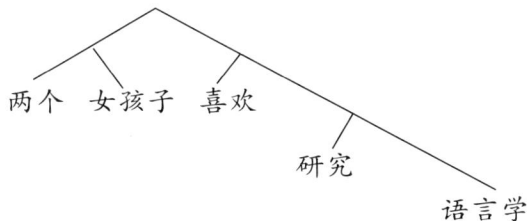

成分与成分之间，显然不再是单纯的两个东西并列在一起，其中出现了某

种东西，使它们成为一个板块、一个整体。这种东西就是语法关系。

例如"两个"和"女孩子"放在一起，前者对后者有修饰限制作用，构成修饰语和中心语的关系，形成定中结构，或偏正结构，在句子中发挥的作用和中心语的作用一样，是一个名词性短语（NP）。句子成分在结构中所起的作用，称为结构功能，或者句法功能。

这里，修饰语（定语）、中心语是成分在结构中的功能，修饰与被修饰是成分之间的结构关系，这种结构关系是怎么来的呢？在汉语里，就是通过词类和语序手段完成的。

一个具有一定语法关系的结构就是一个句法范畴。"两个女孩子"属于名词性结构（NP），它的语法功能是能够在句子中充当主语或宾语；"研究语言学""喜欢研究语言学"形成的是动词性结构（VP），它们的语法功能是能够在句子中充当谓语。

二、短语类型和短语结构规则

词和词按照一定的规则组合起来，形成短语，也叫词组。在组合的过程中，词组内部成分之间形成一定的语法关系，形成不同的结构类型。在诸多结构类型中，并列结构、主谓结构、动宾（述宾）结构、偏正结构是最为常见的。

并列结构：成分之间是并列的关系，并列的成分具有相同的地位。例如：

汉语：元老院和罗马人民
英语：the senate and the Roman people
拉丁语：senatus populus-que manus

主谓结构：由主语和谓语构成，成分之间相互依存，具有陈述和被陈述的关系。谓语在形态上常常和主语保持一致关系。例如：

汉语：春天来了。

英语：spring comes.

俄语：весна наступила.

动宾结构：由谓词和宾语构成，又称述宾结构。成分之间具有支配关系，表达动作和客体之间的语义关系。如：

汉语：读书

英语：read a book

韩语：책을 읽다

偏正结构：由中心语和修饰语构成。成分之间具有扩展关系，修饰语对中心语进行修饰、限定、说明，表达对象与特征的关系。例如：

汉语：漂亮的花　　快说

英语：the beautiful flower　　speak quickly

日语：きれいな花　　早く言え

短语也具有组合能力，能够进一步与其他结构组合构成更大的结构。从短语的组合能力看，有的短语可以像名词那样使用，称为名词性短语；有的短语可以像动词那样使用，称为动词性短语。名词性短语常常以名词为中心，包括指示词短语、数（量）词短语、定中结构等，动词性短语常常以动词为中心，如助动词结构、状中结构等。

生成语法使用带有句法范畴信息的树形图对短语的生成过程进行描写。这个树形图称为短语结构图或成分结构树，简称 PS 树，表现了这样一些句法知识：词的线性顺序；词和词组合的句法范畴；句法范畴的层级结构。例如上文中"两个女孩子喜欢研究语言学"的 PS 树可描写如下：

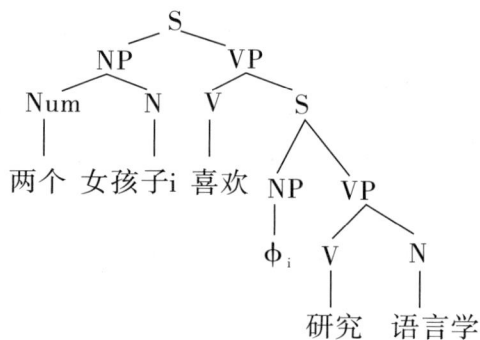

PS 树中的信息可以用规则描述如下：

（1）S→NP VP

（2）NP→Num N

（3）VP→V S

（4）VP→V N

三、论元结构和语义角色

1. 论元和论元结构

要陈述在"我"和"她"之间发生了"给糖"这件事情，可以有这样的说法：

（1）我给她一块糖。

（2）我把一块糖给她。

（3）我把一块糖放在她手里。

（4）她拿了我一块糖。

（5）她从我那儿得到了一块糖。

（6）她拿了我的一块糖。

上面这些句子，除了最后一个，都出现了三个名词性成分，最后一个句子出现了两个名词性成分（"她"和"我的一块糖"）。我们把在句子中和谓词

（动词）一起出现的名词性成分，叫作论元，一个句子的论元结构，就是一个句子中谓词及其所带的论元数量。

一般情况下，不及物动词如"咳嗽""跑""尖叫"等，在句子中能带一个论元，及物动词如"吃""想""学习"等，在句子中会带两个论元，双及物动词如"给""送"等能带三个论元。但是也有特殊情况，如：

台上坐着主席团。

王冕七岁上死了父亲。

祥子跑了一身汗。

信写完了。

我不就吃了你一个苹果吗？

在这些句子中，"坐""死""跑"从概念上来说都是不及物动词，但是在句子中跟它们一起出现的分别是两个名词性成分。"写""吃"都是及物动词，但是前者只有一个名词性成分共现，后者有三个名词性成分共现。

2. 题元角色

题元角色指的是论元在句子所陈述的事件中充当的语义角色。例如上面的例句"我给了她一块糖"，谓词"给"表示的是一个给予事件，句子中的三个论元"我""她""一块糖"在事件中的身份分别是动作的发出者即施事、动作的接受者或受益者即与事、动作的支配对象即受事。不过如果从"一块糖"的视角去看这件事情，"一块糖"经历了一个位移过程：从"我"转移到"她"那里，"我"在位移事件中属于源点（可以使用介词"从"引入），"她"在位移事件中是终点（可以使用介词"在"或"到"引入），"一块糖"是移动的对象或者发生位移的主体（可以使用介词"把"引入）。

从上面表达该事件的 6 个句子中，可以看出，不论话怎么说，"我""她（手里）""糖"在事件中的身份（语义角色）没有改变，换句话说，这 6 个句子具有共同的语义结构。这样，通过分析论元的语义结构，可以发现不同句式之间的内在关联。反过来说，通过不同结构之间的转换，也可以发现其底层的语义结构，这种分析方法，也称为转换分析法。例如：

台上坐着主席团→主席团坐在台上　　窗外下着雨→ ＊雨下在窗外

　　　　→ ＊台上在坐主席团　　　　　→ 窗外在下雨

通过变换分析，可以发现表层形式相同的结构，其论元结构并不相同，"台上坐着主席团"中"台上"是主席团运动的终点，而"窗外下着雨"中"窗外"并不是雨的运动终点，而是其发生的处所。

通过变换分析，还可以解释一些多义现象。如"鸡不吃了"是一个多义结构，因为论元"鸡"在句子中的题元角色可以有两种理解：可以把"鸡"理解为施事，"吃"的受事（例如"米"）没有出现，"鸡不吃了"即"鸡不吃米了"；还可以把"鸡"理解为受事，"吃"的施事（例如"我"）没有出现，"鸡不吃了"即"我不吃鸡了"。

虽然每种语言所使用的语法手段不同，但是人们对世界的认知却有可能是相同的。下面来自英语、韩语的例子，说明在表达相同的"给予"事件时，其论元结构和题元角色与汉语都是相同的。

汉语：我给了她一块糖。

英语：I gave her a piece of candy.

韩语：나는 그녀에게 사탕을 하나 주었다..

在语法结构的分析中，常见的题元角色有：

施事：及物动词动作的发出者，如"我扔了一个球"中的"我"。

主事：不及物动词动作的发出者或体验者，如"他不停地咳嗽"中的"他"。

受事：动作的经受者或支配对象，如"我扔了一个球"中的"球"。

目标：动作针对的对象（如受益者），或者变化的终点，如"放在她手里"中的"她手里"。

　　来源：位移的起点。如"拿她一块糖"中的"她"。

　　工具：动作使用的对象，如"用笔写字"中的"笔"。

　　感事：接受感觉者，如"我害怕"中的"我"。

　　处所：施事或动作发生的位置，如"我在北京上学"中的"北京"。

四、句子的语气类型

　　句子的特点是带有语调，表达特定的交际功能，这种句法范畴称为语气。根据句子的语气，可以把句子分为陈述句、疑问句、祈使句、感叹句。句子的语气类型之间可以相互转换，例如：

The boy is sleeping.（孩子在睡觉）

Is the boy sleeping?（孩子在睡觉吗？/孩子是不是在睡觉？）

　　在英语里，陈述句转换成是非疑问句（或者一般疑问句），是通过助动词移位生成的，如下所示：

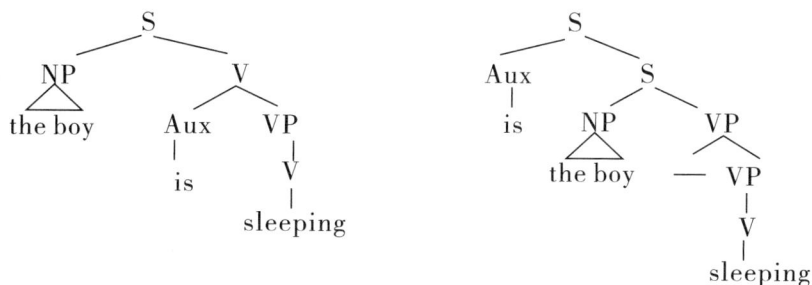

　　而汉语里从陈述句到是非疑问句并不是经过移位，而是通过添加疑问语气词"吗"或者通过叠用动词的肯定形式和否定形式形成的。

　　同样祈使句、感叹句也有各自的结构形式特点。例如：

Let's go!（走吧！）

How beautiful it is!（多美啊！）

在英语里，祈使句一般是无主句，感叹句一般通过倒装的形式出现，而汉语里祈使句常常使用语气词"吧"，感叹句则使用语气词"啊""呀"等。

思考与练习

1. 整理并理解本课中以下术语的含义。

语法结构　语法关系　句子成分　论元　论元结构　题元角色

2. 判断下列词组的结构类型。

买汽车	仔细地看	快极了	写下来
写文章	房间干净	干净的房间	很干净
美和丑	价格适中	研究历史	研究清楚

3. 把下面的词组合起来（可适当增添虚词），看看它们组合起来之后具有了哪些语法关系。注意：有的可以有不止一种组合方式。

（1）经济　发展　　　　（7）新闻　报道

（2）买　　西红柿　　　（8）信仰　宗教

（3）理由　充足　　　　（9）仔细　看

（4）学习　认真　　　　（10）漂亮　很

（5）研究　汉语　　　　（11）年轻　极

（6）好　　书　　　　　（12）欣赏　音乐

4. 读一读下面含有"吃"字的句子，分析其论元结构。

（1）你也吃个苹果吧。
（2）今天咱们就吃小王了。
（3）每天吃食堂。
（4）老张吃大碗，小张吃小碗。
（5）光吃老本怎么行。
（6）靠山吃山，靠水吃水。
（7）到这里吃饭，一半是吃环境，吃氛围，吃情调。
（8）刚刚我的钱让ATM机给吃了。

5. 判断下面句子中名词性成分的题元角色。以下题元角色可供参考：施事、主事、感事、受事、工具、来源、终点、目标、处所。

（1）太阳出来了。
（2）小王背着书包去学校。
（3）路上小王见到了一个好朋友。
（4）小王跟她打了一个招呼。
（5）两个人都很高兴。

6. 从题元角色的角度分析下面的句子为什么会有歧义。

（1）小王租了小李一间房子。
（2）他的衣服做得好。
（3）小张在火车上写字。
（4）这是老张送的蛋糕。

7. 用转换分析法区分下面的同形结构。

（1） V + NP1 + NP2

　　卖我一杯水

　　买我一杯水

　　溅我一身水

（2） V1 + N1 + V2

　　做饭吃

　　请他吃

　　告诉他吃

8. 分析下面三个来自汉语、英语、韩语的句子中使用的语法手段、语法范畴，以及句子的结构类型和论元结构，并总结所表现出来的三种语言的异同。

汉语：我给了她一块糖。

英语：I　　　　　gave　　　　　her　　　　　a piece of candy.

　　　我．主格　给．过去时　她．宾格　　一块糖

韩语：나는　　　　　　그녀에게　　　　　사탕을

　　　我－主语标记　她－对象标记　糖果－宾语标记

　　　하나　주었다.

　　　一　　给－过去时－陈述式

9. 跟同学介绍一下，在你的语言中，句子的语气类型一般是通过什么手段表现的？

第十三课 言语行为

　　只见强盗头子走到面对山的一个地方，嘴里念道："芝麻，芝麻，请开门。"山的一块大石应声而动。原来里面是个山洞。

　　四十个强盗把东西都送进去了。等他们都走出山洞，强盗头子说："芝麻，芝麻，请关门。"大石原样地堵起山洞。强盗沿着来的路走了。

——《阿里巴巴和四十大盗》[①]

一、言语交际和语境

　　语言是用来进行交际的，使用语言进行交际的活动就是言语活动。一个言语活动过程往往涉及发话者（或说话者、言者）和受话者（或听话者、听者）、信息、信道（或者互动的媒介）等几个要素。因此要观察一个言语活动，常常需要分析其言谈背景、言谈主题、参与者、参与者之间的关系、信息、信息传递的途径等问题。

　　受话人接受语句的过程，就是对话语的意义及发话人的意图进行理解的过程。话语的意义指的是"字面意义"，但在实际的言语交际中，说话人往往并不单纯地表达字面意义，听话人通常要通过一系列心理推断，去理解说话人的实际意图，即话语表意背后的隐含意义。

　　有一个笑话，甲见到夫妻二人，互相打招呼，甲说夫人真漂亮，丈夫说

---

　　① 转引自孙建香．阿里巴巴的故事．祁代来，译．天津：百花文艺出版社，2005：
46.

"哪里哪里"，甲说："脸漂亮、手漂亮、腿漂亮……"这个笑话里，丈夫说"哪里哪里"只是用于自谦，并不是真正地询问妻子哪里漂亮，甲只理解了字面意义，认为需要回答"哪里漂亮"，在交际上就出现了偏差。

所以要真正理解话语的意义，需要借助语境。

语境指的是言语的使用环境，一般分为三种类型：

第一种是上下文，或说话的"前言后语"，上句和下句、上段和下段等。

第二种是具身语境，即说话人及其所处的具体环境，如言语活动的参与者、场合（时间、地点）、正式程度、交际媒介和语域（如广告、新闻广播、办公用语等）。例如，2021 年 8 月 12 日，《中国青年报》发布了一则新闻，标题是"大象，回家了"。通过继续读新闻，可以明白指的是 2020 年 3 月西双版纳象群北上迁徙，在各方努力下又回到原来的栖息地的事情，这是通过上下文语境来明白"大象回家"是什么意思，关注过该新闻的人，看到标题就知道"大象回家"是什么意思。这是基于这些人的知识经验，属于具身语境。

第三种是某个言语社团的社会文化，即使用该语言的人特有的文化背景、社会规范、习俗等。

语境对言语的影响可以从听者和说者两个角度观察。从听者角度来看，语境影响对言语意义的理解。语境有助于确定词语或句子的具体所指，有助于消除多义现象，有助于明确言外之意。例如，"你是个好人"，在表白场合，常常意味着被拒绝、表白失败；在求助场合，常常意味着求助成功。从说者角度，语境制约了说话人对语言形式的选择。例如遇到赞美，汉语使用者会说"哪里哪里"，英语使用者会说"Thank you"，这种区别源于语言社团的社会文化背景的不同。

在不同的社会或群体中言语活动要遵循的言语规则是不同的。因此，学习外语也是学习如何跨文化交际。

二、言语行为

"说话即做事"，说话本身就是一种行为，即言语行为。

　　在《阿里巴巴和四十大盗》的故事中，使用咒语"芝麻开门"可以打开藏着宝藏的山洞；现在通过智能家居系统，人们可以通过说话来让机器做事情。生活中我们时时都在使用语言做事：陈述事实、提出要求、发出疑问、发表评价、允诺、道歉、感谢、威胁、问候祝福，等等。只不过与其他行为不同，言语行为是使用言语进行的。例如：

　　（1）我<u>答应</u>嫁给你。
　　（2）我代表全体工作人员对大家的关心和帮助表示衷心的<u>感谢</u>！
　　（3）我<u>提议</u>为我们的友谊干杯！
　　（4）我<u>发誓</u>再也不熬夜了！
　　（5）我就<u>叫</u>你小黑吧。

　　这些句子中的动词都不是描述一种行为，而是在"此时此地"实施一种行为。英国哲学家约翰·奥斯汀（John Austin）最早发现了这一现象并从行为角度进行了详细论述，催生了言语行为理论。

三、言语行为的构成及类型

1. 言语行为的构成

　　有个笑话，甲说："别说话！"乙说："那你还说！"丙说："你俩别说了！"甲、乙说："那你还说！"似乎进入了死循环。

　　其实，一个人在说话的时候，大多数情况下，同时实施了三种行为：言内行为、言外行为、言后行为。

　　言内行为，即"说话行为"或"叙事行为"，指说话这一动作行为本身。在上面的笑话里甲表达了"别说话"的字面意义。

　　言外行为，即"行事行为"或"施为行为"，指表明说话人意图的行为。笑话里甲通过"别说话"提出了制止说话的要求。

　　言后行为，又叫"取效行为"，指通过说话所取得的效果行为。笑话里

"别说话"的效果是所有在场的人都不再说话。但是本身发出指令、陈述事实都需要说话，这样就形成了矛盾。

言外行为其实是说话人希望得到的效果，这种效果并不由说话人直接控制。例如说话人说出"别说话"，一方面完成了言内行为，另一方面又完成了言外行为，并期待听话人别说话，达到言后行为，但是这取决于听话人。因此现在一般认为言语行为是人们用语句陈述了一个命题，命题中包含了施为意义，从而形成一种施为力量。

2. 言外行为的类型

根据言语行为的目的、言语和客观世界之间的关系，言外行为可分为五大类：阐述类、指令类、承诺类、表达类、宣告类。

阐述类言外行为是说话人对所表达命题的真实性做出承诺，陈述、断言、声称、报告等都属于这一类，又称为表态性的施为行为。英语中常用动词"state""assert""guess""swear"等作标记，汉语中常用"认为""（我）想""（我）看""感觉""怀疑"等作标记。

指令类言外行为是说话人试图让听话人做某事。英语中常用动词"beg""advise""suggest""order""invite""insist"等作标记。汉语中常用"命令""要求""建议"等作标记。

承诺类言外行为是说话人对某一未来的行为做出许诺。英语中常用动词"promise""vow"等作标记，汉语中常用"发誓""宣誓""承诺"等作标记。

表达类言外行为是说话人表明对某种事态的态度，例如感谢、道歉、祝贺、责备等，英语中常用动词"apologize""regret""thank""congratulate"等作标记，汉语常用"道歉""感谢""祝贺""后悔"等作标记。

宣告类言外行为是说话人通过话语让现实世界发生一定的变化，命名、任命、宣判、宣战、主持、声明等行为都属于这一类。与承诺不同，宣告类言外行为在宣告的同时，变化就发生了。英语中常用动词"name""appoint""declare"等作标记，汉语常用"任命""宣布""宣判""判决"等作标记。

3. 直接言语行为和间接言语行为

根据施为行为产生的方式，可以把言语行为分为直接言语行为和间接言语行为。直接言语行为是直接说出施为目的的言语行为，间接言语行为是不直接表达目的或意图，需要听话人推理才能理解的言语行为。例如：在商场里妈妈对卖家说："给我称两斤苹果。"这是直接言语行为。妈妈买苹果是因为孩子对妈妈说："那种苹果看起来很好吃。"孩子并没有直接表达让妈妈买苹果的意思，而是通过阐述行为达到了指令行为的效果，这是一种间接言语行为。

直接施为的句子，叫直接施为句。实施了间接言语行为的句子，叫间接施为句。

直接施为，或者说显性施为，在施为用意、目标对象和语义内容上具有透明性。

直接施为句中有一种是通过施为动词实施的，如例（1）至例（5）都是由施为动词构成的句子，这类句子也被称为"施为句"。这种句子在形式上比较有特点，比如一般是现在时态；一般或进行体；陈述句、非假设句；主语通常为第一人称等。这种句子的成立条件不依赖于真值条件，而是依赖"恰当的语境"，如宣布、准许、判决、授权等都与机构语境中的权力相关，并不是随便的人或场合就能做出这种言语行为的。

除了由施为动词构成的施为句，祈使句等也可以表达直接施为，例如上文的"给我称两斤苹果。"再如"Be quiet！"或"Quiet！"（安静！）、"You be quiet！"（你安静点！）

直接施为句的命题意义和施为意义是一致的，间接施为句的命题意义和施为意义存在表面上的差异，听话人通过语句的命题意义推断出施为意义，因此间接施为句在形式上可以是无限的，例如要求听话人关门，可以有无限种说法：

我要你把门关上/你要是把门关上，我很感谢/你能把门关上吗/你该把门关上/我能不能请你把门关上/你是不是忘了关门/让风小一点怎么样/门怎么没关……

I want you to close the door/I'd be much obliged if you close the door/Can you close the door/You ought to close the door/May I ask you to close the door/Did you forget the door/How about a bit less breeze…

间接指令行为、间接拒绝行为常常使用间接施为句，这与实施指令、拒绝时更多地需要礼貌、照顾对方的接受程度和情绪等有关系。

有些间接施为句由于经常使用，已经形成一种规约性的表达。例如有一种观点叫"发问等同于请求"，很多语言中都会使用问句来表达请求，如英语的"Would you like…"已经成了非常固定的表达方式，其他如汉语的"哪里哪里"表达自谦、"不好意思"表示道歉等。当然这些规约性表达是习惯使然，也会随着时代发展而发生变化，例如汉语常用"吃了吗"打招呼，不过这种打招呼的方式也在逐渐被边缘化。

四、社会文化语境中的言语行为

言语行为发生在特定语境内，受到社会文化语境的诸多因素影响。

第一，人际信息因素。间接言语行为在很大程度上由人际因素驱动，例如高社会地位的人往往与命令性活动相关联，听话人常常会自然地将其言语与命令联系起来，而地位低的人在提出要求时，往往避免使用直接命令句。

第二，文化大环境因素。不同的语言和文化会以不同的方式理解言语行为。例如日语中的"すみません（不好意思）"，字面上是道歉行为，但是其使用非常频繁，甚至会出现在感谢场合，这并不是说，说话人认为自己做了不好的事，而是因为在该语言文化中，这样能够凸显给感谢对象带来的不便。

凹 思考与练习 凹

1. 整理并理解本课中以下术语的含义。

言语行为　言内行为　言外行为　直接言语行为　间接言语行为

2. 判断下面的句子发生了什么言语行为。

（1）不好意思，我来晚了。

（2）哎呀老王啊，咱们可是有日子没见啦！

（3）我就叫你咪咪吧。

（4）有空吗？要不要喝杯茶？

（5）对不起，明天可以吗？

（6）你真是太有才了！

3. 假如小王想借点钱，判断下面他说的话哪些是直接言语行为，哪些是间接言语行为。

小王：我没钱了。

小王：我想借点钱。

小王：你那有钱吗？

小王：你要是能借我点钱就太好了。

小王：你愿意借给我点钱吗？

小王：你借我点钱吧。

4. 找出下面哪些句子中使用了标记言语行为的动词。

（1）我道歉！

（2）我说了我道歉。

（3）我答应你，以后好好学习。

（4）你答应我好好学习。

（5）祝你生日快乐！

（6）请转达我的祝福。

5. 下面一些汉语词汇与直接言语行为和间接言语行为有关，请理解它们的意思。在你的语言中有没有相应的词语？

指桑骂槐　含沙射影　指鸡骂狗　指东说西
打开天窗说亮话　旁敲侧击　借古讽今

6. 日常交际中常常会使用一些"言语技巧"来达到最佳交际效果。下面这些汉语句子，说话人其实实施了什么言语行为？

（1）嗯，我考虑考虑。
（2）您对园艺很是了解，……
（3）贵方的报价和我方还存在一点差距。
（4）我非常理解您的这种想法，但是……
（5）不是我说你，……

第十四课 语用原则和会话含义

当天，我还记得很清楚，有一位观众问我："你今年多大岁数了？"

"我到底多大了呢？"我把这问题对自己问了一遍。在我的感觉上，我已经很大了。但我没有正面答复这个问题，只是反问道："依你看，我多大岁数呢？"

观众席上爆出一阵笑声。

——海伦·凯勒《假如给我三天光明》①

语言是交际的工具，语言的生命力在于交际。运用语言进行交际的活动，就是言语活动。一个成功的言语活动，首先需要遵守语言规则，要说正确的句子。除此之外，在交际中，如果每个人都随便说出自己想说的话，那么对话也无法顺利进行。为了使会话顺利进行，在交际中常常也要遵循一定的原则，即语用原则，如合作原则、礼貌原则等。

一、合作原则

在正常的情况下，交际双方在参与交谈时，要遵循一个共同的目标或方向，这就是言语交际的合作原则。具体包括四个准则：

（1）量的准则。所说的话提供的信息不能多也不能少，说的话就是当前

---

① 海伦·凯勒. 假如给我三天光明. 北京：北京出版社，2019：199.

交谈中需要的信息。例如问："这些衣服怎么洗？"回答说："用水洗。"这个答案恐怕很难让提问者满意，因为没有包含足够的信息。

（2）质的准则。所说的话应该真实。不说自知是虚假的话，不说缺乏足够证据的话。例如顾客在讨价还价，卖家说："那我白送给你吧。"卖家的话显然违反了质的准则。

（3）关联准则。所说的话应该是与话题相关的。相声《别扭话》里服务员说："谁的肠子？谁的肠子？""这个肝是你的么？"这里的"肠子""肝"自然会被理解成菜肴，而不是人体器官，因为按照关联准则，饭店服务员和顾客之间的谈话必然是与饭菜有关的。

（4）方式准则。应该清楚、明白地说出要说的话。说话不能模糊、不能有歧义，要简练、有条理。

以上四个准则中，关联准则和质的准则涉及"说什么"，量的准则涉及"说多少"，方式准则涉及"怎么说"。

这些规则，可以说是理所应当的，例如，如果有人在会上发言冗长，其他人会感到很厌烦；如果信息量不足，必然会被反复询问，会话也就自然停滞了。

但是，并不是说，违背了会话准则就不能进行成功的交际。实际上，交际时经常会发生违背或者脱离会话准则的现象，但是并不会导致会话失败。因为说话人以合作原则为前提，会为对方违反准则的行为寻找理由，并努力弥补与准则的偏差，使会话继续进行。例如在餐桌上对一个身体健康的人说："你能递一下盐吗？"字面上看，是让对方回答"能……吗"的问题，答案显而易见根本不成问题，违反了适量准则，被问的人会思考为什么会提这样的问题，推理得出提问者是想委婉地让自己递一下盐瓶，从而使交际成功进行。

违背了会话准则，也会带来笑声，例如《假如给我三天光明》中，听众询问年龄时，"我"却没有直接答复，而是反问对方，这样就违背了合作原则，但是听众会认为这是一种语言艺术，觉得很有趣。在相声等语言艺术中经常有"抖包袱"，使话题朝着意想不到的方向发展从而造成幽默的效果。

二、会话含义

在交际的时候，交际者会按照交际原则去理解对方的言语行为，判断对方的话是否符合或者违反交际原则，推断出对方要表达的意思，即会话含义。例如：

　　（1）甲：明天去吗？
　　　　　乙：还没确定。
　　（2）甲：明天去吗？
　　　　　乙：明天我朋友要来。

在例（1）中，根据质的准则，要说真话，乙对是否去的答案没有完全把握，所以会说"还没确定"，甲也根据质的准则判断乙的信息是真实的。在例（2）中，乙没有对明天是否去做出回答，表面上违反了关联准则。根据关联准则，乙的回答是跟话题有关的，甲可以推断出乙的意思是不去。

可见，会话含义是表达说话人意图的隐含意义。跟字面意义相比，会话含义是从话语中推导出来的，和话语不可分离，也因此是不确定的、可取消的、非规约的。如例（2）中乙"不去"的意思是根据"答非所问"推导出来的，只跟整个句子有关，这个意思很有可能被取消，例如：

　　（3）乙：明天我朋友要来，等他来了我们一起去。

在例（3）中，乙说了后面的句子以后，"明天我朋友要来"就不再有"不去"的含义，例（2）的会话含义就被取消了。

三、关联理论

关联理论是在关联准则的基础上发展起来的，主要关注听话人是怎样理解说话人的意思，或者说，听话人是如何重构说话人的意义的。

关联理论认为，在交际中，如果话语具有更大的关联性（relevance），人们只需付出很少的努力就能得到更多的有效信息，反之，如果话语关联性不强，那么就需要付出更多的努力。而人类的认知倾向于使话语的关联性最大。对于交际来说，每一次明示性的交际行为都假定自身具备最大关联性。换句话说，人们在交际中有这样一种假定：每一次说出的话都具有最高的关联度。这就是关联性原则。例如：

（4）A 和 B 在实验室里操作电脑，A 遇到了一个问题。

A：你能帮我个忙吗？

B：还有五分钟王师傅就上班了。

A 怎么从 B 的回答中判断出他的意思？从关联理论来看，A 假定 B 的话跟自己有着最大关联，这样就能马上明确 B 所表达的显义和隐义。其所说的话提供的信息是：王师傅还有五分钟就来了；隐含的信息是：王师傅会帮忙解决电脑问题。根据这两个信息，A 可以推导出其隐含的结论：B 认为王师傅能解决 A 的问题，而且 A 应该向王师傅而不是自己寻求帮助。

在这个对话语的加工过程中，听话人要结合语境，对说话人的话语进行语用推理，从而获得更全面的会话含义。

因此，根据关联理论，听话人所理解的内容或接收到的信息，往往并不是听到的句子本身，而是在语境中出现的浮现意义或者双方共同构建起来的意义，这样的意义具有动态性、浮现性。例如：

（5）A 给 B 打电话。

A：你晚上有事吗？

B：没事，你想做什么吗？

A：小张让我去他家，我有点不想去。

B：那你就说有事去不了呗。

A：你能不能陪我去？

B：嗨，我又跟他不熟，我去做什么。

A：你晚上不也没事吗？闲着也是闲着。

B：好吧。

在第一个话轮中，如果得到积极回应，A 很有可能邀请 B 出去，但是这个推理很快被他的第二句话搁置起来了，根据 A 的第二句话，B 推断 A 需要一个拒绝的借口，但是 A 的第三句话又否定了这个推理，确实是邀请 B 出去。可见，交际过程中产生的会话含义一方面是语句本身的意义，另一方面是在关联准则下经过语用推理双方互动产生的意义。

四、语用推理

会话含义是通过语用推理产生的。语用推理又称为衍推，不同于逻辑推理。逻辑推理有两大类：演绎推理和归纳推理，其过程可以简单地表示为：

演绎推理：　　如果 P，则 Q

$$\frac{\text{因为 P}}{\text{所以 Q}}$$

例如：下雨地面会湿，

$$\frac{\text{早晨地面湿了，}}{\text{所以昨晚一定下雨了。}}$$

归纳推理：S_1 是 P

……

$$\frac{S_n \text{ 是 P}}{\text{凡是 S 都是 P}}$$

例如：苹果我喜欢吃，

……

$$\frac{\text{西瓜我也喜欢吃，}}{\text{水果我都喜欢吃。}}$$

而语用推理是与语境相结合的动态推导。例如：

（6）甲：暑假作业做完了吗？

乙：数学做完了。

甲问的是暑假作业，而乙只回答了数学作业，可判断乙的回答只是"部分相关"，违反了"量的准则"，但是乙的会话还是合作的，继而可以推导出，乙迂回地表示了自己没有做完所有作业。

因此语用推理与逻辑推理的不同在于它是可撤销的，语用推理允许出错，这也意味着会话含义是可以取消的，可以被改正或修正。例如：

（7）有些来宾，其实是我，希望能留下和你共同欣赏这些美景。

"有些"意味着不是一个，但是后面加了"其实"之后，就取消了这种推断，或者说搁置了预期导向的推理。

间接言语行为常常需要语用推理，表达间接言语行为的句子有跟表层形式相联系的字面用意，根据语境条件加以推理，可以得出间接用意，即会话含义。例如，如果说话人在不可能有提问必要的环境里说出"Can you VP?"那么根据合作原则，受话人就需要根据语境去推导说话人这么说的真实用意，推导出这句话相当于"I request you to VP"。但是，当这种手段被普遍使用之后，人们并不需要进行语用推理，就能直接理解其用意，就好像"走捷径"或"发生短路"一样。这种情况就是发生了规约化，形成了一种"习惯表达"：如果语境不允许一个陈述句或疑问句得出字面用意，那么对一种言语行为的合适条件做出陈述或提出疑问就算实施该言语行为。例如下面两个句子就具有规约含义，不需要进行语用推理。

（8）I want more ice-cream. （通过陈述需求实施请求行为）

（9）Can you pass me the ice-cream please? （通过对行为能力提问实施请求行为）

五、礼貌原则

为什么人们在交际中有时会违背合作原则呢？原来，在交际过程中，除了合作原则，还要求交际双方遵守社会礼貌规范，以保持双方的友好关系。具体包括六条准则：

（1）得体准则：减少对别人不利的信息，符合共同的习惯和心理，不要让别人感到不舒服。例如请别人做事的时候，为什么说"你能递一下盐吗"而不说"递一下盐"呢？用礼貌原则就很容易解释，因为"递一下盐"是命令口气，比较强硬，会让人感到不舒服，而用疑问句能减少这种不舒服的感觉。

（2）慷慨准则：减少利己信息，尽量让对方获益。例如"我们一起去吃饭吧，我请客"符合慷慨准则。"我们一起去吃饭吧，你请客"则违反了慷慨准则。再如"You must come and have dinner with us"（你一定来和我们一起吃饭）就比"We must come and have dinner with you"（我们一定来和你一起吃饭）要礼貌一些。

（3）赞誉准则：尽量避免贬低对方，多赞誉对方。例如"你的汉语说得真不错"和"你的汉语说得不怎么样"相比较，前者显然更礼貌、更容易让人接受。

（4）谦虚准则：交际中尽量保持谦虚的态度，少赞誉自己。例如当听到领导夸奖"你的工作做得不错"时，如果回答"谢谢，都是您领导得好"，对方一定很高兴，但是如果回答"那当然"，就显得很不谦虚，会让对方感觉受到了冒犯。

（5）赞同准则：尽量减少与对方的分歧，尽量向对方观点靠拢，增加一致性。例如对同伴说"小王学习真好"，如果同伴回答"嗯，他数学挺不错的"，就是虽然不同意对方的观点，但是尽量跟对方保持一致，符合礼貌原则。如果直接把自己的真实想法说出来，比如"我没觉得他学习有多好"或者"有什么好的"，就违反了赞同准则，显得不礼貌。

（6）同情准则：减少与对方情感对立，尽量增加双方谅解。例如对方说："这都一周了，我家狗狗看来真的是丢了。"如果回答"真可怜"就符合同情准则，但是如果说"这下我去你家就不会害怕了"就给人一种幸灾乐祸的感觉，没有表现出对对方的同情，不符合礼貌原则。

礼貌原则又被发展为"保全面子"的原则。"面子"包括如名誉、声望、自尊之类的要素，每个人都希望被认可、理解、赞同、喜欢或者钦佩，每个"正常的成年人"也都希望他的行为不受别人的阻碍。

交际中既要尊重别人的面子，又要考虑自己的面子，礼貌就成了一种有效的手段。很多时候，人们在交际中对合作原则的违背，都是因为礼貌原则。

不同文化背景的人们，对"礼貌"有不同的认识。因此在一种文化中符合礼貌原则的话语，在另一种文化中不一定也符合。例如在汉语文化中，送客的时候会说"您慢走！""慢点开！"这些都是符合礼貌原则的，但是在英语文化中，类似的表达也许会让人感觉不舒服。

不过有时候，人们感觉被冒犯，并不仅仅因为对方说了什么，而是因为对方怎么说话，或者说话的方式。使用了"请""您"之类的礼貌用语并不意味着真的尊重对方，说话的口气、腔调等韵律特征或者表情、动作等伴随特征，常常更能显示出其真实意图。例如下面这个例子：

（10）　A：Do you know ANYthing about yo-yos?（你懂什么是悠悠球吗?）

　　　　B：That's mean.（这话真伤人。）

表面上看，A 仅仅是单纯询问 B，但是 A 特别重读并拖长了"anything"的开头部分（汉语中"懂"），而且使用了降调，这给 B 传递的信息是，A 并不是简单地或单纯地询问，这激发了对其会话含义的还原：A 不是在询问，而是认为 B 对悠悠球一无所知，以及不相信对方的态度。因此，更准确地说，交际中的"礼貌"是一种话语礼貌。

思考与练习

1. 整理并理解本课中以下术语的含义。

合作原则 礼貌原则 会话含义 关联准则

2. 请分析下面的句子与合作原则中的哪些准则有关。

(1) 作者：您觉得我这篇小说怎么样？

   编辑：嗯，字写得挺漂亮。

(2) 有的人活着，他已经死了；有的人死了，他还活着。

(3) 甲：几点了？

   乙：《新闻联播》刚开始。

(4) 夫妻聊天，三四岁的孩子在旁边玩。

   甲：到什么地方玩玩去？

   乙：好啊，不过别去 h-u-an l-e g-u。

(5) 甲：开我的车去吧。

   乙：呀，太阳从西边出来了！

3. 根据会话原则分析下列会话中乙的会话含义。

(1) 甲：昨天去看的电影怎么样？

   乙：电影院的环境很不错。

(2) 甲：小张去哪儿了？

   乙：他跟我说他去图书馆。

(3) 甲：你那副耳机，我给小丽了。

   乙：不是自己的东西，你可真大方！

(4) 甲：今天考得怎么样？

乙：这会球场没人，快跟我打球去。

（5）甲：你看看现在都几点了？

乙：对不起对不起，路上车坏了。

4. 在特定的情况下，AB 两种说法你认为哪种情况符合礼貌原则？汉语和你的母语情况有没有区别？

（1）请客人到家里吃饭。主人说：

A：没什么好招待的，家常便饭，大家别介意，随便吃吃啊。

B：这顿饭，材料都是我特意挑的最贵的、最好的，平常真的都不舍得吃。大家好好吃啊。

（2）客人拜访时送礼物，说：

A：没什么好拿的，一点家乡特产，不值什么钱，请收下。

B：这是我们家乡的特产，非常珍贵，一般商场都买不到，请收下。

5. 汉语中有很多关于"脸""面"的表达，说说下面这些说法是什么意思。

人活一张脸，树活一张皮　没脸没皮　有头有脸　脸上有光
长（zhǎng）脸　丢脸　翻脸　给面子　有面子有光　颜面尽失
颜面扫地　死要面子活受罪　不看僧面看佛面　体面

6. 下面这些汉语词汇都和说话有关，请说说它们的意思。

明人不说暗话　阴阳怪气　一是一二是二　有一说一　言不由衷
隐晦曲折　拐弯抹角　借题发挥　意在言外　一语双关　皮里阳秋

7. 下面是小品《一句话的事》的片段。这个小品讲述了郭子和丽丽夫妻之间因为"善意的谎言"而闹出的趣事。请结合礼貌原则说一说这个片段中替别人的行为遮掩为什么叫"善意的谎言"？

郭子：喂，三嫂！

丽丽：你三哥跟你在一起的吗？

郭子：对，我们在一起呢！

丽丽：那你让他接一下电话。

郭子：你等会儿——三哥——三哥——三嫂，三哥上厕所了！我去叫他！

丽丽：算了，跟你在一起我就放心了。

丽丽（对郭子）：好啊！你们就是这么合起伙来骗自己老婆的，是不是？

郭子：什么叫骗啊？什么叫骗啊？善意的谎言！

8. 学者艾默（Aijmer）曾经做过这样一份调查：在英国，"please（请）"多用于相对正式的场合、商业信函或者书面通知，在服务行业使用尤其频繁。请你也做个小调查：在你的母语中对于类似"please"的礼貌标志词，在使用上是否也有类似的限制？并解释一下为什么会有这种现象？不使用礼貌词并不意味着不礼貌，那么在不使用这种专门的礼貌词的时候，人们会用什么方式来表示礼貌呢？

第十五课 话语分析

> 最奇怪的是昨天街上的那个女人，打他儿子，嘴里说道，"老子呀！我要咬你几口才出气！"他眼睛却看着我。我出了一惊，遮掩不住……
>
> ——鲁迅《狂人日记》[①]

在《狂人日记》里，看到别人打自己孩子的时候，眼睛是看着自己，"我"为什么会"吃了一惊"呢？在交际中，要使对方"原汁原味"地完全理解自己的意思，就需要根据约定的语用规则去组织信息、传递信息，为对方理解信息提供足够的"线索"。而理解对方信息的时候，也需要根据约定的规则，结合具体的语境和对方提供的"线索"去分析对方的话语，从而获取信息。

一、话语

话语（discourse）指的是"说话"的成果，小到对话片段，大到超句层面的语篇，都称为话语。

说话有说话的规则，比如什么时候说、怎么开始、怎么结束、说什么等，对这些规则的研究，就是话语分析。

按照参与者的数量，话语可以分为对话语篇和独白语篇。对话发生在至少两个人之间，而独白是一个人的言语活动。

---

① 鲁迅. 呐喊. 成都：巴蜀书社，2020：8 – 9.

根据是否有准备，话语可分为自然口语语篇和有准备的语篇。自然口语常常是无准备的。

无论是有准备的自然口语会话，还是有准备的篇章表达，话语的组成部分都是有关联的。

我们学习一种外语，目标常常是学会如何使用这种语言进行交际以达到既定目的，这种能力就是话语能力或者语用能力。例如，用汉语询问老年人的年龄，一般说"您老高寿？"而不说"你今年几岁？"反过来，当听到"你今年几岁？"会判断询问的对象是孩子；如果询问的对象不是孩子，会判断这句话是讽刺或者开玩笑，从而做出恰当应对，包括怎样进行话轮转换、怎样安排篇章结构等。这种把背景知识运用到句子解释中的能力，以及话语理解、组织能力也是一种语用能力。

二、话语的信息结构

1. 话题—述题

言语交际过程也是信息传递的过程。语言学中的信息指的是发话人传递给听话人的内容，也叫话语信息。一个句子就是一个信息片段。

从信息传递角度出发，可以把句子分为话题、述题两部分。

话题指的是句子所讲述的对象，常常是人或物，在一些语言中，会使用专门的跟主语相区别的"标志"，例如韩语中话题的标志是助词"은/는"（主语用"이/가"），日语中是助词"は"（主语用"が"）。

话题有时就是句法主语，如"信写完了"中的"信"既是主语又是话题。有时与主语相区别，如"那场火，幸亏消防员来得快"。"那场火"是话题，"消防员"是主语。

日语：手紙は彼が書いた。（信他写完了）手紙ができた。（信写完了）
　　　その火は幸い消防隊が早く来てくれた。（那场火，幸亏消防员来得快）

韩语：그편지를그는다썼다（信他写完了）

그불은다행히소방대가빨리왔다．（那场火，幸亏消防员来得快）

述题，又叫"评述""说明"，是对话题作出说明的部分。

2. 旧信息和新信息

话语信息可分为已知信息和未知信息。已知信息指由先前语境提供的信息，也称旧信息；未知信息指不是由先前语境提供的信息，也称新信息。

人们获取新信息一般遵循从已知到未知的心理顺序，因此，言语交际中一般遵循已知信息在前，未知信息在后的原则。话语信息的基本结构也是：已知信息/旧信息＋未知信息/新信息。例如：

（1）他朋友是广东人。

在这个句子中，"他"是说话的起点，是说话人预设对方知道的那个人。"朋友"相对于"他"来说是新信息，但是根据人的知识经验，听话人很容易理解"他朋友"指的是谁，因此在进一步的陈述中，"他朋友"成为旧信息，在此基础上推出"是广东人"的新信息。话语信息就这样从旧信息流向新信息。言语交际就是新信息不断转化为旧信息的过程。

3. 预设

说话人假设听话人已经知道的信息叫预设。

上例"他朋友是广东人"包含这样一些预设：

a. 有一个人是"他"

b. 他有朋友

"他"指的是具体语境中的那个人，这样的词语叫作"指示语"，除了"他"之类的指示语，还包括地点指示语（如"这""那"）、时间指示语（如"昨天""前年""现在"）。指示语具体所指需要通过语境来判断。人们使用指示语的时候，都是在假设对方知道自己所说的对象是什么，所以指示语都是预设。

"他朋友"是一个定中结构，表达一种领属关系，"他"是领属语，"朋友"是领属物，因此"他有朋友"是从定中结构中推断出来的预设。

除了指示语、领属结构，我们还可以从一些"预设触发语"判断出说话人的预设。例如：

（2）小李不比小张聪明（预设：小李和小张都不聪明）

（3）小李没有小张聪明（预设：小张更聪明）

（4）比他更好（预设：他好）

4. 焦点

焦点是一个句子的语义重心，是说话人着重强调的，因此也是句子重音所在。常规情况或自然状态下，焦点都属于新信息，所以句子末尾常常存在自然焦点或常规焦点。例如：

（5）他三十年来**一直**住在芜湖。他在芜湖一直住了**三十年**。

（6）经济在**缓慢**地增长。经济增长得**缓慢**。

上述例子中，画线部分都是新信息，黑体的部分是自然焦点。

在特殊情况下，当说话人特别强调某些内容时，旧信息里也会出现焦点，这种焦点一般称为对比焦点。例如：

（7）a. 是**小王**昨天在镇上用奖金给女朋友买的戒指。

　　　b. 小王是**昨天**在镇上用奖金给女朋友买的戒指。

　　　c. 小王昨天是**在镇上**用奖金给女朋友买的戒指。

（8）这样的考题连**12岁小孩**都可以轻易作答。

对比焦点不是自然的、常规的，因此常常使用一些手段，比如重音，汉语里会使用标记词"是""是……的"、限定副词"才"、对比结构"连……都……""是……不是……"等。

三、话语的会话结构

言语交际过程，也就是会话，是组句成篇的过程，会反复出现一些规律性的模式，称为会话结构。

1. 话轮替换

口语会话的特点是轮番说话，总是一个人说完了另一个人接着说。

参与者每发言一次，是一个话轮。

话轮可长可短，可以是完整的句子或句群，也可以是短语、词，甚至是不完整的短语或词。例如，在下面这段话中，话轮①是完整的句子，话轮②是复句，话轮③⑤是无主句，话轮④是句群，话轮⑥是不完整的词（完整的是"不对"）。

（9）我便问他，①"吃人的事，对么？"他仍然笑着说，②"不是荒年，怎么会吃人。"我立刻就晓得，他也是一伙，喜欢吃人的；便自勇气百倍，偏要问他。

③"对么？"

④"这等事问它做什么。你真会……说笑话。……今天天气很好。"

天气是好，月色也很亮了。可是我要问你，⑤"对么？"

他不以为然了。含含胡胡的答道，⑥"不……"（鲁迅《狂人日记》）

会话时怎么邀请下一个说话者呢？有很多方法，比如提问加上称呼语、主动放弃话轮加上称呼语等。上面的例子中，"我"不断追问"对吗？"，迫使对方回答。有很多词或短语具有这种邀请对方说话的作用，如英语的"Pardon？"听话人也可以通过插话等方式主动取得话轮。

2. 话语标记

在会话中，为了保障交际的顺利进行，人们常常使用一些话语标记来帮助管理会话。

话语标记是这样一些词汇：它们像路标一样引领会话，显示已经说的话和将要说的话之间的关系，具有指示或提示作用。例如：

（10）支持者：If we cut taxes any more, <u>well</u>, it will be a big problem for the budget. （如果我们继续减税，那么，预算将是个大问题。）

反对者：<u>Actually</u>, sales taxes are steadily on the rise. （实际上，消费税一直在不断上涨。）

在上述例子中，画线的 well、actually 都是话语标记，表示后面还有话要说。

话语标记常常是一些连接词（如英语 and、so，汉语"那么""其实"等）、语气成分（如英语 oh、ah，汉语"啊""嗯"等）、状语（如英语 for example、anyway，汉语"依我看""总之"等）、短语或固定表达（如英语 you know、after all、the fact is that，汉语"就是说""说真的""怎么说呢""那什么"等）、其他词（如英语 say、like、what，汉语"这/那""对了"等）。

3. 主位—述位

一个句子，根据交际任务，可以分为主位和述位两部分。主位是句子表述的出发点，述位是句子表述的内容和核心。主位一般包含已知信息，述位一般传递新信息。例如：

（11）①阊门外有个十字街，②街内有个仁清巷，③巷内有个古庙，④因地方窄狭，⑤人皆呼作葫芦庙。⑥庙旁住着一家乡宦，⑦姓甄，名费，⑧字士隐。（《红楼梦》第一回）

这个例子中，①的主位是"阊门外"，述位是"有个十字街"，②的主位是①的述位，而③的主位又是②的述位，⑥的主位又是③的述位，通过主位和述位的互相转化，小句和小句相互接应，主题得以推进，这也叫主位推进程序。

4. 语篇的衔接和连贯

语篇是交际功能相对完整和独立的一个语言片段，是从交际功能角度划分出来的单位，是一个语境中的所有话语。可以指单个会话，也可以指类似语境的众多会话，如医学语篇、法律语篇等。

无论是口头表达还是书面表达，语篇都是语义连贯的话，语篇的连贯是通过衔接实现的。

语篇衔接的手段有：语法衔接、词汇衔接、逻辑关系、会话含义等。语法衔接手段主要有照应、省略、关联词语、时空表达、替代、时体等。词汇衔接手段有重现、同现等。下面我们用例（9）进行说明。

我便问他，"吃人的事，对么？"他仍然笑着说，"不是荒年，怎么会吃人。"我立刻就晓得，他也是一伙，喜欢吃人的；便自勇气百倍，偏要问他。

"对么？"

"这等事问它做什么。你真会……说笑话。……今天天气很好。"

天气是好，月色也很亮了。可是我要问你，"对么？"

他不以为然了。含含胡胡的答道，"不……"（鲁迅《狂人日记》）

这段话使用的语法衔接手段有：

（1）使用了代词进行照应。"我"和"他"是会话双方，"这等事"指称的是前面"吃人的事"。

（2）省略手段。"吃人的事，对么"除了一开始是完整的，后面"对么"都省略了主语。"喜欢吃人的""含含胡胡的答道"省略了主语"他"，"便自勇气百倍，偏要问他"省略了主语"我"。

（3）使用关联词语衔接，如"就""也""便""可是"。

（4）使用时空表达手段，如"今天"。

（5）替代手段。如"吃人"重复出现了 3 次，"天气"重复出现了 2 次。"很好"和"好"重复。

（6）时体手段。"他不以为然了"中"了"的使用，说明发生了变化。

使用的词汇衔接手段有：

（1）复现，在替代时重复使用上文的词汇或同义、近义表达。

（2）同现，如"问"和"答"同现，搭配使用。

逻辑关系手段有：

（1）这个例子描述了"我"和"他"围绕"吃人的事"发生的一段对话，有一个清晰的中心主题。

（2）小句间因果、顺承、转折等逻辑语义关系，如"不是荒年，怎么会吃人"是因果关系，"偏要问他"表示转折关系。

会话含义手段：　"他"的前两次回答都没有直接给出问题答案，说明"他"回避回答"我"的问题，但是"我"并不合作，坚持提问，通过这种主位推进方式，推进语篇发展。

四、多模态话语分析

在言语交际中除了使用语言符号，还会有其他符号参与，如手势、眼神、肢体动作、辅助工具等，调动人的多种感官同外部环境互动。这种使用多种符号交际的现象叫多模态。从这个角度对话语进行分析，称为多模态话语分析。

以视频广告为例。广告的目的是推销商品、吸引观众。视频广告包括作用于听觉的语言文本（台词）和音乐，作用于视觉的文字、画面、人或商品的形象。广告背后是资本运作的社会行为，体现了社会互动关系；广告语不仅是沟通手段，也是资本权力的工具或媒介。视频广告中的图像、声音、文本对广告的效果都有贡献，多模态话语分析便于更准确地理解话语的真实意图。

⊡ 思考与练习 ⊡

1. 整理并理解本课中以下术语的含义。

话题　述题　主位　述位　新信息　旧信息　预设　焦点　对比焦点
指示语　话轮　话语标记　语篇　衔接　连贯　多模态

2. 下面两种说法，你更喜欢听哪一个？为什么？

（1）a. 比小时候漂亮了。

　　　b. 比小时候更漂亮了。

（2）a. 屡战屡败。

　　　b. 屡败屡战。

（3）a. 你怎么来了？

　　　b. 你怎么又来了？

3. 分析下面这些句子包含哪些预设。

（1）我忘带手机了。

（2）从那以后，我再也没见过她。

（3）我真后悔没早点来。

（4）让人讨厌的不是他做了什么。

（5）你怎么连他都不知道啊。

（6）谁是凶手？

4. 根据要求改写句子。

（1）我去年来北京。

a. 让"我"成为句子的焦点。

b. 让"去年"成为句子的焦点。

c. 让"北京"成为句子的焦点。

（2）把下面几个句子连成一段连贯的话。

a. 一个男子爬到树上摘梨子。

b. 一个梨子掉下来。

c. 一个男子捡起了地上的梨子。

d. 一个男子用围巾擦干净梨子。

e. 一个男子把梨子放进篮子里。

5. 分析下面这段话使用了哪些衔接连贯手段。

阊门外有个十字街，街内有个仁清巷，巷内有个古庙，因地方窄狭，人皆呼作葫芦庙。庙旁住着一家乡宦，姓甄，名费，字士隐。（《红楼梦》第一回）

6. 下面的句子都有问题，说一说问题在哪儿并改正。

（1）我们先去上海，然后去苏州。因为要看的地方很多，我们打算在那个城市停留五天。

（2）他好像误解我了，这儿使我心烦。

（3）这个商店卖很多漂亮的衣服，我最后选了蓝色。

（4）全家人都吃完了，才妈妈开始吃。

（5）我也不知道该去或者不去。

（6）我们必须努力学习，或者我们找不到工作。

（7）无论人很多，天气不太好，我也要去。

（8）我们的口语老师很美和很随和。

（9）我有一个中国朋友让我去教小朋友英语，但是我认为我没有时间，所以我不教英语。

（10）我希望学好汉语，以后回国教别人，这样他们就实现了他们的愿望。

第十六课 语言发展与演变

唐敖道："……请问九公,小弟素于反切虽是门外汉,但'大老'二字,按音韵呼去,为何不是'岛'字?"多九公道:"古来韵书'道'字本与'岛'字同音;近来读'道'为'到',以上声读作去声,即如是非之'是'古人读作'使'字、'动'字读作'董'字,此类甚多,不能枚举。大约古声重,读'岛';今声轻,读'到'。这是音随世传,轻重不同,所以如此。"

——李汝珍《镜花缘》第十九回①

语言的演变是普遍存在的,语言如果被使用,或者说,一种活的语言,一定会随着时间的变化而发生变化。这种变化似乎是无法阻挡的。作为个人,我们也许最明显感受到的是词汇的变化,却几乎不能感觉到语音、语法的变化,这是因为语言的演变大多是渐变的、缓慢的,只在比如方言、文献、其他语言等材料中留下一些"痕迹"。

一、语言系统的演变

语言的变化体现在语言系统的各个方面,总的来说,在语言系统中,词汇的变化最明显,语音其次,语法最为稳定。

1. 语音演变

在语音系统中,如果一个音位发生了变化,那么所有具有同样条件的、带

---

① 李汝珍. 镜花缘. 北京:人民教育出版社,2000:104.

有该音位的词语常常都会呈现这种规律性的变化。例如中古英语的 [uː] 变成了现代英语的 [aʊ]，我们可以在中古英语和现代英语一系列词上找到这种语音对应。

[uː] → [aʊ]

hus [huːs] → house [haʊs]（房子）

mus [muːs] →mouse [maʊs]（老鼠）

ku [kuː] →cow [kaʊ]（牛）

ut [uːt] →out [aʊt]（外面）

suth [suːθ] →south [saʊθ]（南方）

语音是一个系统，这个系统中一个成员发生变化，常常会导致整个系统的变化。例如上面提到的中古时期英语长元音 [uː] 变为复合元音 [aʊ]，这个变化并不是单独发生的，当时有一系列的长元音出现了变化，如：

中古英语		现代英语	中古英语		现代英语	
[uː]	→	[aʊ]	[huːs]	→	[haʊs]	house（房子）
[oː]	→	[uː]	[goːs]	→	[guːs]	goose（鹅，单数）
[ɔː]	→	[oː]	[brɔːken]	→	[broːk]	broke（打破，过去时）
[aː]	→	[eː]	[naːmə]	→	[neːm]	name（名字）
[iː]	→	[aj]	[miːs]	→	[majs]	mice（老鼠，复数）
[eː]	→	[iː]	[geːs]	→	[giːs]	geese（鹅，复数）
[ɛː]	→	[eː]	[brɛːken]	→	[breːk]	break（打破，现代时）

这个发生在大约 1400～1600 年前的英语元音的大变化，被称为元音大换位。从舌位图（见图 16-1）上可以看到，[iː] [uː] 变成复合元音后，原来的位置就形成了空位，而其他长元音的舌位提高，似乎就是为了填补高元音留

下的空档。

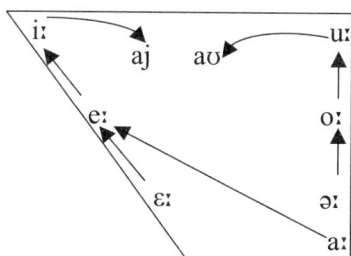

图 16 - 1　元音大换位

　　世界上有些语言存在"亲属关系"，本来是同一个语言的方言，广泛使用后成为独立的语言。由于语音演变的规律性，我们可以根据语音的对应关系找到不同语言之间的亲属关系。例如，英语中以 f 开头的词，在同属日耳曼语族的德语中也同样以 f（v）开头，而在同属罗曼语族的法语和西班牙语中对应词都以 p 开头。

英语/f/	德语/f/	法语/p/	西班牙语/p/
father（父亲）	vater	père	padre
fish（鱼）	fisch	poissons	pescado

　　罗曼语族的语言从某种意义上说都来源于拉丁语族，而日耳曼语族的语言都来源于原始日耳曼语，上述 p、f 的语音对应关系说明这两种语族的祖先也有一个共同的祖先——原始印欧语。即存在这样一个演变关系：原始印欧语分化为拉丁语族和原始日耳曼语族。

原始印欧语（/p/）
　　　　　　　　拉丁语族(/p/)→（罗曼语族）法语(/p/)、西班牙语(/p/)……
　　　　　　　　原始日耳曼语族(/f/)→（日耳曼语族）英语(/f/)、德语(/f/)……

　　根据语音对应，我们也可以对古代语音进行"构拟"。

例如根据日耳曼语族、罗曼语族的亲属关系，我们可以在此基础上构拟出某些词在原始印欧语中的语音形式，由于这是一种理论上的推导，并不是对古代语音的还原，所以一般用星号（＊）加以标示。

英语	希腊语	拉丁语	梵语	原始印欧语
faðɚ（父亲）	patɛːr	patɛr	pɪtər˗	＊pətɛːr
mʌðɚ（母亲）	mɛːtɛːr	maːtɛr	maːtər˗	＊maːtɛːr
bɹʌðɹd（兄弟）	pʰraːtɛːr	fraːtɛr	bʰraːtər˗	＊bʰraːtɛːr

从更大范围来看，我们还能发现所有的语言在语音演化上存在共同规律。例如从上面对原始印欧语的构拟可以发现，唇音和擦音之间存在演变关系，这种演变路径在汉语中也存在，如清代钱大昕提出"古无轻唇音"，意思是，在上古时期，汉语的声母中没有轻唇音（即中古的声母"非敷奉微"，现在的擦音/f/），只有重唇音"帮滂并明"。例如春秋时期《论语》中的"子贡方人"，到东汉郑玄整理为"子贡谤人"，就是说"方"在春秋时期应该读"谤"，不能按照当时的读音"方"去理解。这些古音也保留在一些地名或方言中，如山东的费县读音是"bì xiàn"，广东的番禺读作"pān yú"。因此，有些学者相信，也许最终能证明人类的语言有同一个起源，即有一个共同的始祖语言。

二、语法系统的演变

1. 句法演变

（1）子曰："莫我知也夫！"子贡曰："何为其莫知子也？"子曰："不怨天，不尤人。下学而上达。知我者其天乎！"（《论语·宪问》）

翻译：孔子说："没有人知道我啊！"子贡说："为什么说没有人知道您呢？"孔子说："不怨恨天，不责备人。在下领悟人事，在上通晓天命。知道我的只是老天爷吧！"

《论语》记录了孔子及其弟子的言语，大约成书于公元前 540 年—公元前 400 年，从汉语的历史分期来看，属于上古汉语时期。对比《论语》原文和译文，可以看到上古汉语时期人们说话的方式与现代汉语时期相比，发生了很大的变化。

首先是语序的变化。上古汉语中"莫我知"，现在要说成"没有人知道我"，"何为"要说成"为何（为什么）"，也就是说，在上古汉语时期，否定句、疑问句中代词作宾语是放在动词前面的，但是在现代汉语中都放在动词后面，从 OV 变为 VO。

其次是句式的变化。"知我者其天乎"是个判断句，上古汉语判断句一般是"……者……也"句式，而现代汉语判断句是"……是……"。

再次是词类功能的变化。作为名词，"上""下"在上古汉语中可以直接作状语，但是在现代汉语中一般情况下要组成介词结构后才能作状语。"其"在上古汉语中可以作助词，表达反诘等强烈的语气，如"知我者其天乎"，但是在现代汉语中并没有这样的功能。

最后是词类成员的变化。表示否定的副词，上古汉语中有"莫"，现代汉语中有"不""没有"。表示疑问的代词，上古汉语中有"何"，现代汉语中对应的是"什么"。表示语气的词，上古汉语中有"夫""也""乎"，现代汉语中这些都不再使用，而是换成了"啊""呢""吧"。

以上汉语古今发生的句法规则的变化，在其他语言中也能看到。例如英语的语序古今也有不同。例如下面古英语的例子，使用了 OV 语序，宾语 the drought of March（三月的干旱）放在动词 hath perced（has pierced，刺穿）的前面，修饰语 soote（sweet，甜美的）在中心语 shoures（showers，阵雨）前，而现代英语所使用的规则正相反。

（2）When that Aprille with his shoures soote, the drought of March hath perced to the roote.（《坎特伯雷故事集》）

翻译：When that April with its sweet showers, has pierced the drought of March to the root. （四月甘霖降，三月旱情亡）

2. 语法化

在语言发展过程中，某语法形式或语法范畴的形成，称为语法化。一般指的是功能成分比如虚词或者表示语法功能的词缀的产生过程。

例如现代汉语中的介词"把"是从古代汉语动词"把"虚化而来的。

(3a) 明年此会知谁健？醉把茱萸仔细看。（唐·杜甫《九日蓝田崔氏庄》）

翻译：明年我们再相聚时不知谁还健在？不如多饮几杯酒，拿起茱萸好好看看。

(3b) 莫言鲁国书生懦，莫把杭州刺史欺。（唐·白居易《戏醉客》）

翻译：不要说鲁国书生懦弱，不要欺负杭州刺史。

这两个例子都是唐朝诗人的诗句，在例（3a）中"把"是动词"拿"的意思，其所在的结构"把OV"是两个动词连用的连动结构"V1O + V2"。在例（3b）中"把"只能理解为介词，其所在的结构"把OV"的性质已经发生了变化，应分析为由一个介词结构作状语的状中结构"PreO + V"。可见，在唐朝的时候，"把"已经发生了语法化。

再如英语的"be going to"也发生了语法化，从一个动词结构演化为将来时的语法标记。

(4a) Henry is going to town. （亨利进城去）

(4b) Are you going to the library? （你是去图书馆吗？）

(4c) No, I am going to eat. （不，我去吃饭）

(4d) I am going to do my very best to make you happy. （我在努力让你高兴）

(4e) The rain is going to come. （就要下雨了）

在例（4a）与例（4b）中，主语正在做"go（去）"的动作，"to"的宾语都是目的地，但是在例（4c）中，"to"的宾语扩展到动词，这样就会有两种理解：一个是"go"仍然是表示实在动作的动词，"eat"是用动作表示动作发生的地方，理解为"去吃饭的地方"；一个是"go"发生虚化，不再表达具体实在的动作，"eat"是动作，是句子的核心，"to"是目的标记，引出目的动作，理解为"去吃饭"。后者说明 be going to 结构出现了重新分析现象。这种重新分析继续推广到例（4d）与例（4e）。在例（4e）中，主语不再是人，be going to 只能看作一个表示即将发生的将来时标记。

从上述例子中可以看到，语法化过程经常伴随着类推现象。类推就是规则适用范围扩大化。例如英语 swell（膨胀）的过去分词以前是 swollen，但是由于其他动词的过去分词大部分都是后面加-ed，通过类推，swell 的过去分词也变成规则形式 swelled。

3. 形态演化

若进行古今对比，会发现很多有形态的语言的形态体系发生了变化。例如拉丁语有一套复杂的格词尾系统，包括主格、属格、与格、宾格、呼格。表16-1所示为"狼"在句子中不同位置上的形态变化。

表16-1　拉丁语中"狼"的各种格

词干	主格词尾-us	属格词尾-ī	与格词尾-ō	宾格词尾-um	呼格词尾-e
lup +	lupus	lupī	lupō	lupum	lupe

但是在罗曼语中，已经没有这些词尾了。例如下面法语的句子中，"loup"（狼）不论出现在哪个句法位置上，都不需要带词尾，形态上不发生变化。

Le loup s'est enfui. （狼跑了）

Moutons en peau de loup. （披着狼皮的羊）

Donne à manger à celoup. （给狼食物）

J'aime ce loup.（我喜欢狼）

Loup, viens ici.（狼，过来！）

和语音系统一样，语法系统中某一项目的变化，最终也会引起系统中其他项目的变化，例如英语的三个阶段——古英语、中古英语、现代英语——形态系统都是不一样的，古英语有非常复杂的格系统，但是这种格系统不断简化，到现代英语普通名词只有属格标记，其他位置都不再加标记了。这一变化的影响是：介词系统的发达和语序的严格化。现代英语具有非常丰富的介词系统，可以帮助显示名词的各种语法角色，同时也有比较严格的语序，不能随意改变位置。

三、词汇系统的演变

1. 新词的产生和旧词的消亡

词汇直接记录生活、反映社会面貌，因此词汇的变化是我们最容易感受到的。词汇的变化，与社会发展息息相关，可以说词汇的变化是人类历史变化的一面镜子。

词汇的变化主要体现为新词的产生和旧词的消亡，是新旧事物交替的自然结果。

例如前文介绍的中文"十大新词"，其中 2021 年是"七一勋章""双碳""双减""保障性租赁住房""祝融号""跨周期调节""减污降碳""动态清零""德尔塔""破防"，通过这些词，可以管窥当年在中国社会生活中发生的一些重要事件，例如建党一百周年、火星探测器成功登陆火星等。

新词的产生还表现为对已有事物产生了另一种说法。例如在汉语发展史上，魏晋南北朝时期出现了复音化倾向，很多单音节词变成了双音节词，有的是和常在一起使用的另一个单音节词合成一个复音词，有的是增加了一个单音节语素变成复音词。这样同样的事物就出现了另一种新的表达方法，例如"睡觉"从"睡＋觉"变成"睡觉"，"见"变成"看见"。不同人群、不同领域也会出现不同的表达，例如"寻"在秦汉时期就有了，东汉初期北方地区开始用"寻"表示"找"，五代时期南方开始使用"觅"表示"找"。

　　借用外来词是新词产生的另一个重要途径。当一种语言使用另一种语言的词或语素，并且纳入自己的词汇系统，就是借词。借来的词常常在语音上符合本地语言的语音规则。例如英语 chocolate 有一种说法是来源于南美土著语 xocolatl（意为"苦水"），英语单词在音译时处理为两个音节，只保留了清辅音 /tʃ/，在"巧克力"（汉）、"초콜렛"（韩）中是三个音节，但是尾部没有发音的辅音，而在"チョコレート"（日）、"شوكولاتة"（阿）中则分别被处理为四个音节、五个音节。

　　在借用的时候，有时是直接的，有时是间接的，如上面的"巧克力"在英语中属于直接借用，而汉语词虽然是直接借用于英语，但是间接借用自南美土著语。

　　研究词语来源的学科称为词源学。从词源角度可以把一种语言的词汇分为本族语词和外来词。在语言学中本族语词指其历史或词源可以追溯到该语言已知的最早阶段的词。有些词看起来是本族语词，但按照语言学中的定义，仍然属于外来词。

　　例如清末西方文明传入东方，大批科技等方面的书籍被翻译成汉语、日语等，由于东方很多语言属于汉字圈，很多汉字被用来翻译这些西方文献，造成一大批汉字词进入当地语言，并继而在汉字圈语言中流传，如"电气""电报""演说""主义"等，当时有一批汉字词被认为是日语的本族语词，其实不然。首先，大部分汉字词是通过翻译西方文献而来的，采用音译（包括部分音译）方法的词一定是借词，不论是不是使用汉字书写。其次，意译词使用的造字材料（语素）是汉字。根据诸桥辙次《大汉和辞典》，日语中共有四万九千多汉字；新村出《广辞苑》中的日本国字表共有一百三十四字是日本国字。由于日语中的汉字绝大部分都借用自汉语，只有部分是自创的本土汉字即日本国字，因此使用汉源汉字所创造的新词从源头上说仍然属于借词。再次，有一部分意译词是重新使用中国古典文献中的已有词汇，所谓"旧瓶装新酒"，如

"演说/主义/经济/社会/文学/文明/教育/艺术/思想/自由/交通/流行/革命"等。以"交通"为例，在晋代陶渊明的《桃花源记》中有"阡陌交通，鸡犬相闻"，意思是"田间小路交错相通，不时听到鸡鸣狗吠声"，近代西方交通方面的书籍传入日本后有人借用这个词来翻译 traffic industry，新旧用法仍然有关系，故仍属于借词。

其实对于无特殊目的的人来说，除非这个词（如音译词）跟其他词差异很大，不然没有人会关注其是不是本族词，因为与使用无关，而且大部分借词都与本族词非常深刻地融合在一起了。

很多语言热衷于借词，有的语言中存在大量借词，如阿尔巴尼亚语大部分词汇是借词，本族词反而极少；而有的语言，如大多数美洲土著语言，却很少从相邻的语言借词。

伴随新词产生的，是旧词的消亡。

新词出现时，往往引人注意，但是一个旧词的消失，则是因为人们对它不再关注，所以人们常常意识不到有些词从生活中消失了。例如随着封建制度的灭亡，"皇帝""大臣""上朝""朝服"等词汇也随之从中国人的生活中消失了，有些人可能一辈子都不会有机会说到这些词。不过在影视剧、文学作品等一些领域中还是有可能看到的，所以我们甚至不认为这些词已经消亡或者正走向消亡。

词语的消亡和语言的"死亡"一样，都是因为没有了使用的价值或可能。有些词的消失是因为没有了区别的必要。前文我们提到，在古代汉语中，"马"的名称非常多，因为马在人们生活中非常"有用"，而现代汉语中一个"马"就足够了。还有一些词的消失，不是因为在生活中没有了价值，而是因为在句法上已经没有了存在的价值。例如，古代汉语中有多个第一人称代词，常用的如"我""吾""予""余""朕""孤"等。其中"朕""孤"由于专用于指称皇帝自己，随着皇帝这种事物的消失而消失了。上古时期的"余"和"吾"，在和"我"同现时，有很明显的分工："余/吾"占据主格位置，"我"占据宾格位置，其后"格"范畴在汉语中完全消失，"余/吾"和"我"

同现时的这种对立也就没有必要了，使用范围更广泛的"我"逐渐成为现代汉语中唯一的第一人称单数代词。还有一部分词的消失，是因为在词汇系统中没有存在的价值。当同一个事物有不止一种说法时，这些说法就形成了竞争关系，最终一项胜出，其他的就只能退出。例如上文提到的"寻"和"觅"在中古汉语时期开始竞争，"寻"在宋元时期胜出，但后又被明清时期新起的"找"字打败，从而形成了词汇的更替。

2. 词义的扩大、缩小、转移

除了新词产生、旧词消亡，词汇的变化还表现为词义内部的发展变化，即词汇的形式不变，但意义发生了变化，主要表现为词义的扩大、缩小和转移。

词义的扩大，就是词所指的范围扩大了。例如上古汉语"江"只指长江，"河"专指黄河，但是后来词义扩大，泛指所有的河流。古英语中 holiday 专指 holy day，即有宗教意义的圣日，后来泛指所有的不必上班的日子，picture 原指画像，现在泛指图片。

词义的缩小，指的是词所指的范围缩小了。例如汉语的"禽"，最初泛指一切飞禽走兽，华佗发明的"五禽戏"就是模仿虎、鹿、熊、猿、鸟的健身操，而现在"禽"只表示能飞的动物。再如"金"最初可以表示一切金属，但是现在只指金子。英语里的 deer 原来表示"兽"或"动物"，现在只指一种特定类型的鹿。meat 原来可以表示食物，后来只表示肉。

词义的转移，指的是词义所指有所变化。例如"信"从字形上说"人言为信"，指的是传话的人，后来变成了书信。"宫"原来用来命名高大庄严的建筑物，现在用来命名娱乐场所。英语里 knight 原指年轻人，后来指骑士；silly 原指"高兴的"，后来变成"幼稚的"。

3. 词汇演变的影响

词汇也是一个系统，一个词或一类词的出现或消失，最终也会传导到整个系统上。

首先是语义场的变化。例如随着"马""轿""辇"等在词汇系统中的式微或消失，汉语的交通工具、交通方式义场均发生了很大变化。（见表 16 - 2）

表 16 - 2　古今汉语交通义场

语义场	古代汉语	现代汉语
交通工具	马、牛、驴、鹤、鸢、风车、辇、轿、舟、船	车、火车、汽车、公共汽车、出租车、自行车、卡车、班车、房车、客车、私家车、飞机、轮船、游轮、客轮、班船
交通方式	御、驾、驭、驱、赶、骑、拉、服、载、坐、乘	开、驾、驾驶、坐、乘、乘坐、步行

古代汉语的交通工具首先可以区分为自然物和人工物，区别特征是［人工］，第二层可再区分是否在陆地使用。而在现代汉语中，是否人工的区别已经消失，使用范围的区别升到第一层，第二层则有多个系列，可以从动力、功能、人群等方面进行区分。

古代汉语的交通方式，在造字之初关注的是使用的工具，如"御/驾/驭/驱"的本义都是控制马匹，"骑"的本义是"跨马"，但是控制马匹很快引申到操控马车及其他工具。因此在这个语义场中，具有区别意义的主要是人与工具的位置及操控关系，"御/驾/驭/骑"都是在上操控，"驱/赶"是从后操控，"拉"是在前操控，"服/载"是在下操控，"乘/坐"都是在上无操控。现代汉语的交通方式，只区分是否操控，不再关注人的位置。

知伯出，魏宣子御，韩康子为骖乘。（《韩非子·难三》，翻译：智伯出门，魏宣子驾驶马车，韩康子在旁边陪护）

夫列子御风而行，泠然善也，旬有五日而后反。（《庄子·逍遥游》，翻译：列子驾风行走，姿态轻盈美好，十五天后返回）

昔人已乘黄鹤去，此地空余黄鹤楼。（崔颢《黄鹤楼》，翻译：前人已经登上黄鹤离去了，这个地方只留下了黄鹤楼）

李白乘舟将欲行，忽闻岸上踏歌声。（李白《赠汪伦》，翻译：李白坐船准备出发，突然听到岸上传来边踏边唱的歌声）

驱马悠悠。(《诗经·鄘风·载驰》,翻译:赶着马儿快快走)

向晚意不适,驱车登古原。(李商隐《乐游原》,翻译:傍晚心情不快,驾车登上古原)

其次是词汇成员的变化与句法的互动。

词汇的变化有的与句法手段有关。例如上古汉语存在四声别义的现象,一个字,声调不同,意义不同,例如"王"作名词时读平声,作动词时读去声。"食"读平声的时候是名词,读去声的时候是动词。

通过语音变化创造新词区别语法功能(词类)的现象,在英语中同样也存在。表16-3所示为英语中重音区分名词和动词词性的情况。

表16-3 《英语发音词典》中部分词1992年和2003年的注音

词条	1992年不分词性注音	2003年名词注音	2003年动词注音
refill	're'fill	'refill	re'fill
refit	're'fit	'refit	re'fit
reprint	're'print	'reprint	re'print
rebound	're'bound	'rebound	re'bound
remake	're'make	'remake	re'make
overhang	'over'hang	'overhang	over'hang
overshoot	'over'shoot	'overshoot	over'shoot
overstrain	'over'strain	'overstrain	over'strain
overwork	'over'work	'overwork	over'work

▣ 思考与练习 ▣

1. 整理并理解本课中以下术语的含义。

语音对应　构拟　语法化　借词　本族语词　词义的扩大　词义的缩小
词义的转移

2. 乔纳森·斯威夫特在其名著《格列佛游记》里讲了这样有意思的一段话：

因为这个国家的语言总在变化，斯特勒尔布勒格人中一代人听不懂另一代人的话。两百年之后，这些人（注：书中他们自己是老而不死的）也不能和那些终有一死的邻居聊天（除了说几句家常话）。因此，虽然生活在自己的国家，他们却像外国人那样生活。

（1）现实中我们的语言和书中这个国家的语言演变有什么不同？我们的语言为什么这样演变？

（2）很多青少年喜欢使用网络语言，不熟悉网络语言的长辈常常听不懂，那么使用网络语言的青少年和不懂网络语言的长辈之间会不会也像故事中所说的那样，生活成外国人？为什么？

3. 语言存在于具体的每一个人的言语中，那么个人对语言的创新使用与语言演变有什么关系？一个人可以改变语言吗？请谈谈你的看法。

4. 唐诗的格律诗非常讲究押韵，大诗人杜甫的诗的用韵尤其是典范，但是有些诗用现代汉语的读音读起来，就不再押韵了，如下例所示。

登高

唐·杜甫

风急天高猿啸哀，渚清沙白鸟飞回。
无边落木萧萧下，不尽长江滚滚来。
万里悲秋常作客，百年多病独登台。
艰难苦恨繁霜鬓，潦倒新停浊酒杯。

参考译文：

秋风急天地空旷猿猴声声哀鸣，清冷河州的白沙上鸟儿在盘旋。

无数的落叶在秋风中萧萧落下，长江水滚滚而来一眼望不到头。

常年离家万里对此秋景怎不悲伤，年纪老大疾病缠身独自登上高台。

历经艰难苦恨白发长满了双鬓，穷困潦倒连浇愁的浊酒都停了。

（1）请你分析一下哪些地方不押韵了呢？

（2）有人认为现在读古诗，应该尽量用古音去读；不过有人认为应该用现在的音去读，你的观点是什么？

5.《诗经》是中国古代第一部诗歌集，反映了西周到春秋中叶（公元前11世纪至公元前6世纪）的语言状况，下面选择了《硕鼠》中的一段，对照译文，从中可以看到从上古到现代，汉语在句法、词汇上发生了哪些变化？

硕鼠硕鼠，无食我黍！（大老鼠呀大老鼠，不要吃我种的黍！）

三岁贯女，莫我肯顾。（多年辛苦养活你，我的生活你不顾。）

逝将去女，适彼乐土。（发誓从此离开你，到那理想新乐土。）

乐土乐土，爰得我所！（新乐土呀新乐土，才是安居好去处！）

注释：

硕：大；三：虚数，表示多；女：汝，你；去：离开；适：到，往。

6.波利尼西亚人（Polynesians）生活在大洋洲东部波利尼西亚群岛，包括毛利人、萨摩亚人、汤加人、夏威夷人、库克岛人等10多个支系，他们的语言来自原始波利尼西亚语。下面是其中4种语言的一些词语的读音。

词义	毛利语	夏威夷语	萨摩亚语	斐济语	构拟原始波利尼西亚语
邮政	pou	pou	pou	bou	*
禁止的	kapu	tapu	tapu	tabu	*
哭泣	taŋi	kani	taŋi	taŋi	*
龙骨	takere	kaʔele	taʔele	kakele	*
待，坐	hono	hono	fono	vono	*
光，月亮	marama	malama	malama	malama	*
茅草	kaho	ʔaho	ʔaso	kaso	*

（1）从这些词中，可以发现很多语音对应关系，比如在第一个词里，有 p-p-p-b、o-o-o-o、u-u-u-u，这样的语音对应关系一共有 14 组，请把它们找出来。

（2）通过语音对应关系，可以构拟出一个原始语音，还可以看到一些音变现象，例如：

p-p-p-b   *p   p→b（在斐济语中）

o-o-o-o   *o

请把构拟的原始语音填到上面的表格里。

（3）总结一下，从原始语音到这四种语言，发生了哪些变化？

第十七课　语言习得与语言教学

　　我的德语老师瑞米小姐懂得手语。我稍稍学了一点儿德文后，便时常找机会用德语交谈，几个月之后，我差不多能全部明白她所说的了。第一年结束时，我已经可以愉快地阅读《威廉·泰尔》这部小说了。的确，我在德语方面的进步比其他方面都要大。

——海伦·凯勒《假如给我三天光明》①

　　如果列举人类的神奇之处，语言学习能力毫无疑问算一个。尽管语言如此复杂，但是在 5 岁之前，一个正常的儿童就能够掌握大部分的语法规则，能够用语言提出问题、表达想法、抒发情绪。实际上，没有人告诉他们规则是什么、怎么说符合规则，他们却能够从嘈杂、复杂的环境中构建出所接触语言的正确的语法系统。而成年之后，这种能力却迅速分化，有的人能够轻易掌握几十种语言，而有的人的外语成绩似乎永远不能达标。第一语言习得和第二语言习得之间的这种区别，一直让语言学家着迷。

一、基本概念

1. 第一语言和第二语言

第一语言简称"一语"（L1），又称"母语""本族语"，是一个人最早接触、学习并掌握的语言。一个人最早接触的语言无非家庭语言、所处社会环境

---

① 海伦·凯勒. 假如给我三天光明. 北京：北京出版社，2019：79.

中的语言，很多时候这两种语言是一致的，第一语言就是这种语言。但是也有家庭中的语言和所处社会环境的语言不一致的情况，假如这些不同的语言儿童都能自由使用，都掌握了，那么该儿童的第一语言可能就不止一种了，其属于双语者或多语者。

第二语言简称"二语"（L2），泛指在第一语言之后学习的另一种语言，一般特指在目的语环境中学习的另一种语言。如果是在非目的语环境中学习的第二语言，一般称为"外语"。目的语指的是要学习的语言。例如，如果在中国境内学习英语，那么就是在学习外语；而如果在英语国家学习英语，那么就是在学习第二语言。当然，也可以不区分这两种情况，统一都叫作第二语言。

2. 语言习得和语言学习

习得（acquire/acquisition）指的是"获得""得到"，是无意识的过程。学习是有意识获取知识的过程，指的是通过课堂教学和有意识的练习、记忆等活动掌握知识的过程。

语言习得指的是无意识地获得语言知识、语言技能的过程，儿童获得第一语言语言能力的过程就属于语言习得，是自然而然掌握的。

但是对于第二语言来说，人们似乎很难分清，哪些是通过学习获得的，哪些是通过习得获得的。

因此，第二语言习得这个名词，并不是与"语言学习"相对的概念，而是与"第一语言习得"相对的概念，指的是获得第二语言语言能力的过程。

第二语言习得研究，一直希望弄明白：人们为什么不能像掌握第一语言那样轻松地获得第二语言的语言能力？很多学说都是围绕这个问题展开的。

3. 中介语

中介语，也叫"语际语""过渡语"，是介于第一语言和目的语之间的一种语言形式，是二语学习者在未完全掌握目的语之前形成的有关目的语的系统化知识。

人们发现，第二语言学习者似乎很难达到目的语水平，他们掌握的第二语言，既不是真正的目的语，也不同于第一语言，既有第一语言的特征，也有第二语言的特征，因此称为中介语。

中介语的最大特点是动态性，它总是无限靠近目的语。中介语本身也具有系统性，具有内部一致的结构，属于一种语言。

中介语不同于石化，石化又称"僵化""化石化"，指的是中介语形式没有变化而出现的一种永久性停滞状态，就像化石一样永久存在，不可能还原。

4. 迁移

迁移指的是已掌握的语言在学习另一种语言的过程中产生影响的现象。

在学习另一种语言的过程中，会产生影响的，可能是第一语言，也可能是第二语言，也可能是中介语。造成的影响可能是正面的，即正迁移；也可能是负面的，即负迁移。

音系上的影响最为明显，一般来说，L2 者常常会有口音，因为 L1 的发音或者语音结构会迁移到 L2 中。例如韩语背景的学生在学习汉语的时候声母 r [ʐ] 是学习难点，常常会出现误读为声母 l [l] 的现象，如把"牛肉"读成"牛漏"，把"仍然"读成"棱蓝"等，这是因为汉语 r 是卷舌音，发音的时候需要把舌尖"卷"起来，韩语中没有这种发音方法，但有边音 ㄹ [l]，其发音方法与发音部位比较接近，因此产生偏误。

5. 偏误和失误

学习的过程包含犯错的过程，语言学习中出现的错误有两种：一种是失误，一种是偏误。失误是一时的口误或误用，学习者可以自己意识到，需要的时候也可以自行更正。而偏误属于学习者语言系统中的一部分，相对于外部规范，如目的语的语言规则来说是错误，这种错误是在特定学习阶段形成的，是成系统的，常常无法自行更正。偏误具有发展性、干扰性和独特性三个特点。

偏误分析是二语习得中重要的教学研究方法，是对学习者某阶段的语言产出进行分析，归纳类型并解释。偏误分析法将偏误看作学习者语言的一部分，有利于了解学习者的学习阶段和学习状况。

二、语言的学习阶段

1. 天赋假说

人们一直希望弄明白，儿童是如何快速、轻松、一致地习得语言的。许多语言学家相信，儿童具备一个天生的语言模板或机制，即普遍语法（Universal Grammar），帮助儿童完成建立母语语法的任务，这就是天赋假说。

通过对不同类型的儿童在不同文化环境中习得语言过程的观察，人们发现，儿童习得语言的过程其实是一个自身创造的过程，既不靠教，也不靠纠正，也不需要什么特殊的环境，儿童以某种方式从周围听到的语言中提取并建立起语法规则，而最终建构起来的语言规则，会远远超出所听到的语言。因为儿童所听到的那些言语是不系统的，并且常常充斥着口误、错误、语病等。这只能说明，儿童并不是从零开始学习语言的，而是他们天生就具备的普遍语法，能帮助他们避免干扰、提取并建立正确的规则。这种习得逻辑确实有利于解释儿童习得语言的过程，因而使得天赋假说拥有了很多支持者。

不过，普遍语法到底是什么样子，目前看来，我们离这个问题的答案还很遥远。不过可以肯定的是，语言习得确实与人脑的机能有关系。至于有什么关系，到底是哪些机能影响着语言学习，普遍语法到底存不存在……这些问题，都有待科学研究的进一步发展。

2. 语言习得的阶段

一般认为在语言能力完备之前，儿童习得语言要经过咿呀语阶段、独词句阶段和多词句阶段。

人们发现，新生儿的头脑并非一块白板，他们会对某些方面比较敏感。在语言方面，婴儿天生就具备感知某一语言里属于音位的声音的能力。例如研究发现，大概 6 个月的时候，日本婴儿不再能听出 ［r］ 和 ［l］ 的区别。而他们咿咿呀呀能发出的音也逐渐只包括目的语中所能出现的语音和语音组合。并且在某个阶段，儿童能够发现用于表达语义的单位并发出来。所以咿呀语阶段并不是混乱的，这说明这个时期大脑就开始为语言功能发生专门化，是语言习得的最早的学习阶段。

大概一年之后，儿童就进入了独词句阶段，能够用同一串语音表示同一个事物，这说明他们已经知道了语音和意义有关，而且能够在一连串的语流中分辨并提取出单个的词。

在独词句阶段，儿童总是能够选出合适的单词来表达，例如儿童在想让人们抱的时候，总是能明确地说出关键词"抱"，而不会去说别的。因此有理由认为儿童的语法能力总是比他们的语言产生能力超前。

大约 2 岁时儿童开始组词成句，刚开始儿童说话只包含基本理解所必需的词，一般是实词，被称为"电报式语言"。

在儿童习得语言的过程中，人们发现，儿童总是最先习得世界一切语言中都常见的一些语音，例如［p］［s］，从顺序上看，在发音方法上先是鼻音，然后是滑音、塞音、流音、擦音、塞擦音；在发音部位上，分别是唇音、软腭音、齿龈音和腭音。所以可以解释为什么 mama 是许多儿童较早习得的词。

成人学习第二语言的过程，和儿童获得第一语言有相似之处，例如，二语的获得也是建构目标语的语法的过程，不过最大的不同是，在学习过程中，会受到来自早先习得的语言的干扰，而且成人的第二语言常常达不到类似母语者的能力水平，特别是发音方面。人们也发现，学习第二语言也有一个敏感期，习得第二语言的能力似乎随着年龄增长而逐渐变弱，尤其是音系的习得，敏感期最短。

三、第二语言习得

1. 输入、输出和互动
二语习得是一个从输入到输出的过程。

输入指的是学习者通过视觉和听觉接收到的学习材料。第二语言习得的输入假说认为，大量的可理解性输入是第二语言习得的关键，因为人类习得语言的途径只有一种，就是通过接受可理解性输入。一般来说，输入应遵循"i +1"的原则，"i"是学习者现有的语言水平，"+1"指略高于学习者现有语言水平的语言层次。该理论是美国的心理学家和教育家克拉申（Krashen）提出的，因此又被称为克拉申输入假说。

为了使输入能够被感知、被理解，教授者往往会对二语学习者的输入进行调整。输入调整是语言教学中一种重要的互动形式，也是教师的一种教学策略，主要有两种形式：简化和详化，这两种形式往往交替使用。

简化就是减少句法信息量，比如放慢语速、增加停顿、调整语音等。这样可以给学习者更多的加工时间，引起注意，不过需要防止"过度简化"。

详化就是对语言做出更详细、完整的解释，增加语言信息量，尤其是冗余度。一般通过重复、重述或解释的方式对输入进行调整。

输入调整有时涉及互动。互动主要是就意义进行协商，以达到理解的目的，因此互动是使输入成为可理解输入的途径，输入通过互动变得更适合学习者，因而能够促进理解和习得。

学习者在需求驱动下将语义信息转化为句法信息，以精确、连贯、得体的方式进行信息传递，即完成了"理解性输出"。学习者在语言产出时往往会修正自己的语言，根据反馈肯定或否定自己的假设，对自己的语言知识进行验证、修正和整合。

2. 文化适应

学习一种语言也是学习一种文化。二语习得是一个不断适应新文化的过程。人们常用社会距离和心理距离来分析文化适应程度。

社会距离指的是二语学习者群体与目的语群体之间的联系与互动。两个群体之间社会距离越远、接触越少，越不利于习得。

心理距离指的是二语学习者个体与目的语群体之间的关系，是二语学习者因与目的语群体的情感因素而产生的距离。心理距离越近，语言的输入量会越大，对习得越有利。心理距离受制于四个因素：第一，语言休克，即学习者在运用二语时产生的疑虑和困惑，休克程度越高越不利于习得。第二，文化休克，即学习者因两种文化差异而产生的焦虑、压抑、恐惧，休克时间越长，程度越高，越不利于习得。第三，学习者动机，指的是学习者学习目的语的原因。动机越强，越有利于习得。第四，自我渗透性，指的是学习者能否以开放的心态解构目的语的语言和文化。渗透性越强，越有利于习得。

3. 学习风格和学习策略

学习者具有特有的认知、情感、生理因素，在第二语言习得过程中，学习者的个体差异起到很重要的作用，形成了个人的学习风格。

学习风格就是学习者个体偏好的感知与处理信息的方式，例如有人是主动型，有人是被动型，有人喜欢以研究的方式学习语言，有人喜欢以积累经验的方式学习语言。

跟学习风格有关的是学习策略。学习策略指的是学习者使用的学习方法，比如有的人喜欢通过背诵词典的方式增加词汇量，有的人喜欢通过广泛阅读的方式增加词汇量。学习策略具有很强的个性特征，对一个人有效的策略，对于另一个人并不见得有效。

四、第二语言教学

语言教学是以使学习者学会目的语为目的的教育活动。第二语言教学的研究，目标就是如何帮助学习者学会使用第二语言（目的语）。

1. 第二语言教学法

第二语言教学有多种教学方法，例如语法—翻译法、直接法、听说法、视听法、交际法、任务法，等等。这些教学方法归结到一点，就是用什么方法解决语言教学中的形式与意义的关系。例如语法—翻译法以语法知识作为教学的主要内容，听说法以句型的反复操练为中心，交际教学法将交际能力作为第二语言教学的目标。

第二语言教学法大致可以分为两类：综合法和分析法。综合法强调逐步讲授语言的语法词汇、音系功能单位，这是一种自下而上的方法，学习者的任务是把各部分综合在一起，如语法—翻译法，教师使用母语，通过翻译的方法授课，对课文进行语法分析。

分析法是一种自上而下的方法，教师挑选相关的主题、课文和任务，学生像儿童习得第一语言那样，通过学习发现该语言中的各个组成部分和组合规则。当前用得较多的分析法是基于内容的教学法，鼓励学习者谈论他们感兴趣的各种话题，发表看法。

2. 语言测试

所有的教学活动最终都要落到学生上，语言测试就是检查学生的学习效果、评价教学活动是否达到预期目标的一个重要衡量手段。语言测试还可以为选拔人才提供依据、为改进教学提供反馈、对学习情况进行诊断等。

根据测试的用途进行分类，大致可分为五种形式：水平测试、成绩测试、分级测试、潜能测试、诊断性测试。水平测试用来测量人们的某一语言能力，往往与被测试者先前所受的语言训练无关，水平测试的用途之一是可以作为选拔的依据。成绩测试用来测量学生对所学知识的掌握情况，包括进程性成绩测试和终结性成绩测试，与所学课程直接相关，目的是评价学生在学习目标实现方面的成功度。分级测试一般是为了适应分层教学的需要而进行的测试，因此需要根据不同级别的教学特点设计具体的测试内容，其中包括不同难度水平的题目。潜能测试也叫预测性测试，是通过衡量学生在一门陌生语言中的语言表现来预测其是否有学好的潜力，通常用来衡量某一部分如听、译的潜能。潜能测试与之前所学无关，很多时候会使用陌生的语言比如人工语言。诊断性测试用来识别学习方面的优势、劣势，以确定未来的教学走向，因此比较关注学习者在哪些方面犯错误。

语言测试的分类还有其他多种方法，例如按照试卷评分方式，可分为主观性测试和客观性测试；按考察重点可分为分立性测试和综合性测试；按照解释测试结果的参照标准可分为常模参照性测试和标准参照性测试，等等。

对语言测试的评价主要看试卷的信度和效度。信度就是可靠性，指的是考试结果的可靠性和稳定性，即在多大程度上具有一致性。效度即有效性，指的是在多大程度上达到了测试的预期目的。测试的高效度只能以高信度为基础。

思考与练习

1. 整理并理解本课中以下术语的含义。

第一语言　第二语言　中介语　偏误　输入　"i＋1"原则　输入调整
迁移　文化休克　学习策略　语言测试　信度和效度

2. 下面这些汉语语汇跟语言学习或学习手段有关，说说你对这些语汇的理解。

牙牙学语　鹦鹉学舌　人云亦云
童言无忌　熟读唐诗三百首，不会作诗也会吟

3. 人们跟幼儿说话的时候，常常和平时的说话方式不一样，这种现象似乎在每种语言和文化中都存在。在你的家乡，人们都有哪些跟幼儿说话的特别方式？请列举出来，进行归类，再尝试解释原因。

4. 小李非常苦恼，他觉得自己学习外语好像一点天分都没有，因为他每天花大量的时间学习外语，阅读外语报纸杂志，即使这些文章难度大，他也不放弃，通过不断查字典每天坚持，但是外语水平并没有提高，他非常沮丧。你如果是他的好朋友，可以给他什么建议呢？

5. 在学习外语的时候，常常遇到这样的现象：看到一个词能认出来，也知道是什么意思，但是让自己写却很困难；能听到某个词，也知道其意义，但是自己却从来没说出来过，如何解释这种现象呢？

6. 你有没有经历过文化休克现象？你认为哪些方法可以帮助脱离文化休克现象？

7. 你在学外语的时候曾经用过哪些学习方法？你觉得对自己来说最有效的学外语的方法是什么？试着分析一下。

8. 现在的外语教学，会大量使用 PPT 等多媒体技术，你怎么看待多媒体技术对语言教学的作用？

9. 谈谈你所经历过的外语测试，哪些测试给你留下了深刻印象？你认为哪些方面对于一个成功的语言测试更为重要？

第十八课　语言与文字

　　在这里，也许我应该说明一下盲聋人所使用的手语字母。那些不了解我们的人似乎对手语有些困惑不解。人们给我读书或同我谈话时，采用聋人所使用的一般方法，用一只手在我手上拼写出单词和句子。我把手轻轻地放在说话者的手上，一方面不妨碍其手指的运动，另一方面又能很容易地感觉到他手指的运动。我的感觉和人们看书一样，感觉到的是一个个字，而不是单个的字母。同我谈话的人由于手指经常运动，因而手指运用得灵活自如，有些人字母拼写得非常快，就像熟练的打字员在打字机上打字一样。当然，熟练的拼写同写字一样，也成了我一种不知不觉的动作。

　　　　　　　　　　　　　——海伦·凯勒《假如给我三天光明》①

一、文字≠语言

　　学习一门外语，常常是从文字开始，这很容易造成一种错觉：文字就是语言。比如很多汉语学习者说汉语难学，因为汉字太难写。这其实是一种错误的认识：汉语并不是汉字，文字并不是语言。

　　文字，和手势、红绿灯、商标、五线谱等一样，也是一种符号，而且是一种视觉符号，通过笔画、线条形状来传情达意。语言和它不同，语言是一种听觉符号，是通过声音来传情达意的。

　　文字的产生在人类社会的发展过程中，是惊天动地的创举。汉语中有"仓

---

① 　海伦·凯勒. 假如给我三天光明. 北京：北京出版社，2019：60.

颉造字"的传说："昔者仓颉作书，而天雨粟，鬼夜哭。"（《淮南子·本经训》）意思是说，仓颉创造汉字的时候，粟米像雨一样从天而降，鬼神害怕得在夜里大哭。

虽然这是一个传奇故事，但是文字确确实实是人类历史上的壮举，这是因为，文字的产生，使有声的语言能够"传于异地、留于异时"，从此开始了人类文明史。

这些都是因为，文字是记录语言的符号。文字产生之初就是为语言服务的，文字的终极使命，也是为语言服务。换句话说，语言是第一性的，而文字是第二性的。文字不能脱离语言而存在，但语言可以脱离文字而存在。"不识字"的人虽然不能读书看报写文章，但是一样可以使用语言进行正常的言语交际。

打个比方，文字和语言的关系，就相当于照片和本人的关系。照片记录了本人的样子，但是照片永远不能代替本人。

而文字和非文字的区别，也在于文字对应了语言中的一个单位。例如汉字"我"代表了汉语中的一个音节，逗号、叹号、问号等分别对应着语音的停顿、语调；引号、括号、书名号等分别显示了相关成分的功能。而图片或者标识等视觉符号，不是文字，因为它们并不与语言单位相对应，其功能也不是为了记录语言。

二、表音文字和表意文字

1. 文字的两种体系

文字是记录语言、在语言的基础上创造出来的视觉符号，因此，文字具有形体、语音、语义三个要素（简称文字的形、音、义）。文字必定能反映语言的语音、语义，根据文字的形体和语言的语音、语义之间的关系，可以把文字分为两大类：表音文字和表意文字。如果文字对应的是所记录语言中的语音，称为表音文字，如英文、俄文等；如果文字对应的是所记录语言中的语素的意义，称为表意文字，如汉字。

当我们说文字"表音""表意"的时候，并不是说文字的形体本身就能表示出读音或意义，而是用一定的形体作为音或义的标记。例如"a"，从字形看不出读音，"水"的字形也看不出意义，只不过在约定性的前提下，表音文字纯粹标志语音，而表意文字有程度不等的理据性。

2. 表音体系的文字

根据字符所对应的语音单位，表音文字又可以分为音节文字、辅音字母文字、音素（或音位）文字。

音节文字的一个字符对应语音中的一个音节。例如日语假名有 50 个基本字符，除拨音ん之外，每个假名代表一个音节，如：か（ka）、き（ki）、く（ku）、け（ke）、こ（ko）。日语所有的词可以用大约 100 个音节来表示，其中大部分是辅音—元音结构（CV），而且音节下面没有辅音丛，所以很适合使用音节文字来记录。

辅音字母文字的一个字符对应一个辅音。例如希伯来语和阿拉伯语的文字。这种语言大部分词的词根都是辅音，例如阿拉伯语中由辅音"ك"k、"ت"t、"ب"b 组成的辅音组"كتب"ktb 是与"书写"义有关的词的词根，插入不同的元音，就能表达屈折和派生，如يكتب（katab）表示"写"，كتبت（aktib）是"我写"，كتاب（kitab）是"一本书"等。因此掌握这种语言的人，看到这些辅音字符，就能猜出被省略的元音是什么，而一旦意识到了元音，该辅音似乎就代表了整个音节。这样قتل（qtl）的意思可能是"他杀了"，也可能是"他被杀了"，两者的区别全靠元音加以区分，而元音通常又是不写出来的，但对于母语者来说似乎没有任何影响，他们完全可以根据上下文语境来消除歧义。

音素文字或音位文字，一个字符对应一个音素或音位，包括元音音素和辅音音素，如俄文、希腊文、拉丁文等。由于很多语言使用这种文字，当我们说"字母文字"的时候，指的就是这类文字。欧洲很多语言的文字都使用拉丁（罗马）字母，在此基础上加上自己的一些符号标记，例如西班牙语 señor（先生）的 ñ 表示腭化鼻音。汉语拼音也是基于拉丁字母创造出来的辅助性文字符号，大部分拼音字母都表示一个音位，ü 通过加两点的方式记录和 i 位置相同

但是圆唇的音位。斯拉夫语族的许多语言，用的是西里尔字母，这种字母是从希腊字母派生而来的。许多语言都有自己的字母，也有自己的书写顺序，例如韩语字母目前有 14 个辅音和 10 个元音。辅音字母描写了发音时嘴唇、舌头、喉咙的位置和形状，例如 ㄱ（g）表示舌根上升到软腭，ㅁ（m）表示双唇紧闭，元音则使用垂直或水平的线条，如 ㅣ（i）ㅏ（a），在书写的时候，辅音字母和元音字母组合成方块形状，每一个方块代表一个音节，例如 누나（姐姐，nuna）。

表音文字在拼写的时候，也会有和实际发音不一致的现象，这是因为文字的变化常常落后于语言的变化，因此拼写不能总是准确地反映发音。例如英语就有如下拼写和语音不一致的现象：

发音相同，拼写不同	发音不同，拼写相同	不发音的字母	缺失的字母
/aɪ/	**th** /θ/ thought	li**s**ten de**b**t	use /juz/
aye bu**y** b**y**	/ð/ though	**g**nome **k**now	fuse /fjuz/
die h**i** th**ai**	/t/ **Th**omas	ri**gh**t s**c**ience	
h**eigh**t	**a** /e/ ate	**p**sychology clu**e**	
g**ui**de	/æ/ at	We**d**nesday	
	/a/ father	**h**onest bom**b**	
	/ε/ many	s**w**ord	

3. 表意体系的文字

表意文字包括象形（或图形）文字、意音文字。现在仍在使用的表意体系的文字，主要是汉字，一个汉字基本上代表一个词或语素。最初的文字，如甲骨文、古巴比伦的楔形文字、古埃及的圣书字、中美洲的玛雅文字，都是表意的象形文字，图画性很强。

《说文解字》指出，汉字的造字法为"六书"：象形、指事、会意、形声、转注、假借。用得最多的是前 4 种。象形就是通过描画事物形状造字，例如"日""月""人"都是这样创造出来的。指事是在象形字的基础上加上指事符号造字，例如"本"和"末"是在"木"字的基础上，特意用符号指示出"木"的下面、上面部分创造出来的新字，一个表示树的根本，一个表示树的末梢。会意，是把两个部分合在一起，同时把意义也合在一起的造字方法，例如"尘"是"小＋土"创造出来的，意思是细小的尘土，"信"是"人＋言"，意思是捎来的话、信息。形声，是把两个部分合在一起，一个部分表示读音，另一个部分表示类属。例如"情""清"都是形声字，其中的偏旁"青"表示读音，"忄"旁表示与情绪、心情有关，"氵"旁表示与水有关。转注是用相同部首的字来表达同样的意义。大概是由于读音变化了而在形体上反映了这种变化，或者是在传写的过程中改变了形体中的某些部分而形成的。例如"老"字在商代的字形是𦒫，描画了一个毛发长长、弯腰驼背、手持拐杖的老人形象，拐杖的形状改变一下，写成𦒫、𦒮这个形状既是"老"也是"考"。"考"是一个形声字，以"耂（老）"为形旁、"丂（kǎo）"为声旁。假借是通过已有的音同或音近的字造字。例如"又"本来是"右手"的意思，后来借用为"再一次"。"亦"造字之初指的是腋下，后来被借用为表示"也"，原来的意义又新造了一个形声字"腋"来表示。在这些造字法中，形声字可以一部分表音、一部分表意，非常方便，现行汉字中大部分是形声字，因此，准确地说现行汉字属于意音文字。

表意文字负载的信息量很大，缺点是字符的数量庞大，且结构复杂，笔画繁多，给学习造成困难。中国现行的汉字在历史上经历了两次简化，例如"广"的前身是"廣"，"先后"的"后"的前身是"後"，简化后汉字在书写上大幅度简单化了。现在的汉字有三种书写体系：中国大陆的简体字、中国台湾的繁体字、日本的汉字。例如简体字"观光团"，繁体字是"觀光團"，而日语汉字是"観光団"。

三、文字的起源和发展

一般认为，文字起源于图画记事、符号记事。考古发现，不少旧石器时代遗址的岩壁、洞壁或器具上都有刻画，很多刻画与当时的"事件"有关。1959 年大汶口遗址（属于新石器时代晚期）出土的陶器上发现了不少刻画，

其中一个是 ⛰，上面的圆形像太阳，下面的图形有人认为是山的形状，有人认为是火的形状，这种已经不是单纯的图画，而是表达概念、具有一定抽象意义的图形符号。

同时期发现的西安半坡遗址也出土了一些刻画有符号的陶器，所刻画的几何图形绝大部分刻在一种陶器的同一部位上，研究者认为至少其中一部分是固定地表示某些意义。

当一些符号固定地表达意义，这些符号就成了文字。

人类最古老的文字都是象形文字、表词文字，是直接由图画转化而来的，一个字就是一个词，例如中国的汉字、古埃及的圣书字、古巴比伦的楔形文字和中美洲的玛雅文字。

这些文字的形状受书写工具的影响很大。例如楔形文字是由于当时在泥板上用芦苇秆等硬的东西刻画，所以笔画上会留下一个个楔形。再如汉字最早发现是用刀刻在龟甲兽骨上，称甲骨文，笔画粗细不一；后来刻在青铜器上，称金文，点画圆浑；后来出现了毛笔，写出来的字线条粗细一致，圆笔为主，即篆书。之后发生了"隶变"，字体向扁平方向发展，直到楷书，讲究横平竖直，不再有圆笔，书写更加方便。（见图 18 – 1）

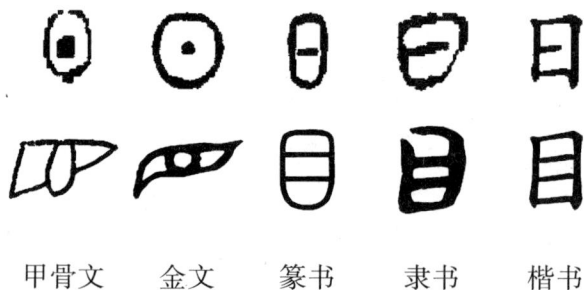

| 甲骨文 | 金文 | 篆书 | 隶书 | 楷书 |

图 18 – 1　汉字形体演变

不过大部分象形文字演变的结果是从表意文字变成表音文字。楔形文字来自 6000 多年前的美索不达米亚南部（今伊拉克），后借用到中东和小亚细亚，在借用过程中，借用者常用它们来表达本族语中语词音节的读音，形成一种音节文字系统。

公元前 1500 年，闪族腓尼基人（居住地在今天的黎巴嫩）创造了由 22 个符号构成的文字系统，又称西闪语音节表，大部分代表辅音。古希腊人试图借用该系统，但是希腊语的音节辅音少，元音要求有独立的符号表达，因此，古希腊人借用腓尼基文字时，用多余的辅音符号表达元音，这就诞生了同时标示辅音和元音的字母文字（或称音位文字）系统。今天使用的字母文字系统包括拉丁文字、斯拉夫文字，大都是从这套文字系统演变来的。

从上述文字发展的过程来看，从表词文字（即表意文字）向音节文字、音位文字发展的过程中，文字记录的语言单位逐渐缩小，使用的符号总数也越来越少，越来越方便。而汉字作为表意文字（更确切地说，是意音文字）仍在使用，主要归功于中国的历史始终没有中断，汉字的使用在历史上一直没有中断，所以能够一直使用到今天。

四、计算机网络时代的文字

计算机的出现，极大地改变了人们的交流习惯和书写方式，也使文字发展的走向出现了新的变数。

第一，输入法和智能输入极大地降低了书写在文字发展中的权重。书写的工具、字的复杂程度极大地影响了写字的效率，因此文字的发展总趋势是简单化，从弯曲复杂的线条转向简单的线条，文字作为语言的辅助工具在表情达意上越来越贴近言语的细腻、丰富、高效。计算机和网络的出现，完全推翻了传统的书写形式，文字不再是"写"出来的，而是由计算机"转换"出来的，需要人们做的，仅仅是确认而已。这样，文字的传输效率得到了极大提升，而笔画的多少也不再成为问题。计算机将人从书写中解放出来，交流的"创新"手段层出不穷，例如创造了大量的新字、对一些文字和符号进行了创新使用等。

第二，文字的视觉维度在交流中的权重迅速提升。象形重新成为新造符号的首选方法。例如网络上新兴的汉字"囧""槑""圆""又双叒叕"，如：

（1）千呼万唤始出来的史上最大大片《赤壁》，就堪称一代槑片的开山怪。

（2）我们又双叒叕要换首相了。

这些字都只是取用原有汉字的形，不认识、不知道读音都没关系，因为网络交流不需要知道读音，字不认识也不影响交流。例如"囧"是"尴尬、窘迫"的意思，与原来"窗户、光明"的意思毫不相干；"槑"的意思是字形所表示的"双倍的呆"，跟原来的读音 méi、"梅"的异体字这些信息都无关；同样"円（yuán）族"是通过鼠标花钱的人，因为"円"像鼠标的样子，不需要关心"円（yuán）"是日语中的汉字；"又双叒叕"表示"又又又又"，不需要会念"yòu、shuāng、ruò、jué"，也不会有人这样念出来。也就是说，在网络语言中，文字不需要"形音义"三个要素俱备，只需要形和义，甚至只需要形即可。

第三，文字的语调、口音、情感方面的因素迅速增加。书面语和自然口语的区别在于，口语交际是多模态的，不仅有语言符号，每个人独特的音色、说话的韵律特征、手势眼神等辅助手段也都会参与其中，而文字只能记录语言符号。网络语言虽然也是通过文字进行书面交流，但是网络和计算机使得网络语言具有了多模态特征，能够尽量还原口音、语调、神情等因素。

例如当前网络语言中出现的表情符号，又称"颜文字"，专门用于情感表达。这种符号，多使用特殊符号、标点、数字、字母等创造而成，表达了某一特定情绪的面部表情或动作，或者直接使用图片，如图 18-2 所示：

:-)	微笑	:-(	不高兴	:-D	开心	:-P	吐舌头	xc ==	呕
^_^	高兴	T_T	大哭	-_-b	流汗	=_="	无奈	Orz	五体投地
	捂脸		开心		爱心		赞		拥抱

图 18-2　颜文字

表情符号的发明、使用和流行，一定程度上反映出像甲骨文这样的文字系统当初是如何产生、流行起来的。

网络语言还大量使用"谐音梗"。如果说使用象形手段是利用字形"玩游戏"，那么"谐音梗"就是利用字音"玩游戏"，一种目的是体现口音，或者是某类人的语音特征，如"灰常（非常）""然鹅（然而）"描摹了"说话大舌头"的发音特点，"表（不要）酱（这样）紫（子）"是对口齿不清口音特点的表现；或者是表现地域特点，如"唔系（不是）"描摹了广东话的口音，"木（没）"体现了贵州、山东等部分地区的方言特点。一种目的是再现真实的口气，如 hia、ahem、aww、blah、Jeez、duh、grr 等网络语气词、55555（伤心，大哭）、zzZ（困、打呼噜）等。还有一种目的就是纯粹的娱乐，例如：只念半边，如"艺宝佷萌哒，濑扣芳扣卟嵝溧咃，厷厷哒~（艺宝很萌的，亲们你们不要黑他，么么哒）"；辅音字母代表音节，如"1切斗4幻j，↓b倒挖d！（一切都是幻觉，吓不倒我的）"。当然也有一些是为了省力、快捷，例如 UC（you see）、3Q（thank you）、Q（求）等。这些手段也在一定程度上体现了音节文字、辅音字母文字等表音体系文字的产生和流行。

第四，对书写规则的违背。网络语言对文字有一种"反常规"使用的特点，例如故意违反平常的书写规则，合体字要分开写，如汉字"强"写成"弓虽"、"任"写成"亻壬"等；不同的字合起来写，如"嫑（不要）""嘦（只要）"等。为了追求快捷，只写一部分，如"艹骐（萨其马）"，或者给原来的字上加上其他形状或更换偏旁，如上文例子"溧咃（黑他）""佷（很）"。表18-1是网络中韩文的相关现象。

表18-1 网络中韩文的反常规写法

只写辅音部分	缩略成新词
ㄱㄱ ← 고고（去，去吧）	애 ← 아이（孩子）
ㅇㄷ ← 어디（在哪儿）	좀 ← 조금（一点）
ㅁㅎ ← 뭐해（干什么）	담 ← 다음（下次）

（续上表）

只写辅音部分	缩略成新词
ㅈㅅ ← 죄송（对不起）	울 ← 우리（我们）
ㄱㅅ ← 감사（谢谢）	걍 ← 그냥（就那样）
ㄴㄴ ← 노노（不）	쌤 ← 선생님（老师）

第五，文字语种界限模糊化。由于对文字的"游戏性"使用，以及对视觉效果的强调和多模态的倾向，不同语种之间、不同文字体系之间相互借用、混用的现象增多，使得不同语言的文字体系之间的界限不再泾渭分明，而是追求不同语言之间的"互联互通"，例如表情符号、表情包之类符号的使用，"I服了U"等。

尽管目前网络语言中文字及其他符号的使用看起来比较混乱，但是从方法上看，并没有超出比如"六书"所列的造字法、用字法的范围。不过，计算机和网络技术带来的书写工具、书写方式的"革命"，必定为文字带来新的发展方向。

🔲 思考与练习 🔲

1. 整理并理解本课中以下术语的含义。

文字　表音文字　表意文字　象形文字　音节文字　字母文字
辅音字母文字

2. 下面这些符号是不是文字？为什么？

理发店　高压电　无线网络覆盖　禁止停车　向上　约等于　百分号

3. 现行汉字讲究"横平竖直"，不再使用弯曲的线条，因此很多象形字的图画意味被淡化甚至消失了。下面这些汉字都是通过象形的方法创造出来的，假如请你把这些汉字原来的样子还原出来，你会怎么设计这些字的形状？

山　瓜　雨　鱼　禾　果　鸟　牛　泉

4. 下面这些汉字都是形声字，请你分析一下这些字的形旁和声旁分别是什么。

芳　访　放　病　赶　感　聋　问　梨　衷　园　功　字

5. 用从第4题中拆出来的形旁、声旁再写个形声字。

6. 给下面的句子加上标点符号，使意义发生改变。试试看有几种加标点的方法。

（1）下雨天留客天留我不留

（2）清明时节雨纷纷路上行人欲断魂借问酒家何处有牧童遥指杏花村（杜牧《清明》）

7. 阿姆哈拉（Amhara）文（埃塞俄比亚文字）是一种音节文字，请你根据下面这张图片（来自百度百科"阿姆哈拉语"①），分析一下这种文字是怎么表现音节的。

---

① https：//baike. baidu. com/item/% E9% 98% BF% E5% A7% 86% E5% 93% 88% E6% 8B% 89% E8% AF% AD/8513205？ fr = aladdin.

hoy		läwe		ḥäwt		may		śäwt		ra's		sat		š		qaf		qaf	
ሀ	hä	ለ	lä	ሐ	ḥä	መ	mä	ሠ	śä	ረ	rä	ሰ	sä	ኘ	šä	ቀ	qä	ቈ	quä
ሁ	hu	ሉ	lu	ሑ	ḥu	ሙ	mu	ሡ	śu	ሩ	ru	ሱ	su	ኙ	šu	ቁ	qu		
ሂ	hi	ሊ	li	ሒ	ḥi	ሚ	mi	ሢ	śi	ሪ	rI	ሲ	si	ኚ	ši	ቂ	qI	ቊ	qui
ሃ	ha	ላ	la	ሓ	ḥa	ማ	ma	ሣ	śa	ራ	ra	ሳ	sa	ኛ	ša	ቃ	qa	ቋ	qua
ሄ	he	ሌ	le	ሔ	ḥe	ሜ	me	ሤ	śe	ሬ	re	ሴ	se	ኜ	še	ቄ	qe	ቌ	que
ህ	hə/ø	ል	lə/ø	ሕ	ḥə/ø	ም	mə/ø	ሥ	śə/ø	ር	rə/ø	ስ	sə/ø	ኝ	šə/ø	ቅ	qə/ø	ቍ	qua
ሆ	ho	ሎ	lo	ሖ	ḥo	ሞ	mo	ሦ	śo	ሮ	ro	ሶ	so	ኞ	šo	ቆ	qo		

8. 在你熟悉的网络语言中，有哪些有意思的使用文字的现象？你怎么看待这种现象？

9. 你认为表情符号会成为文字吗？为什么？

10. 你认为在计算机和网络技术高度发展的背景下，文字的发展方向会是什么？可不可以充分利用计算机和网络技术，改进汉字的教和学？

参考文献

［1］董秀芳，张和友．语言学引论．北京：北京师范大学出版社，2017.

［2］何兆熊．新编语用学概要．上海：上海外语教育出版社，2000.

［3］罗常培，王均．普通语音学纲要．修订本．北京：商务印书馆，2002.

［4］盖苏珊，塞林克．第二语言习得．3版．赵杨，译．北京：北京大学出版社，2011.

［5］束定芳．现代语义学．上海：上海外语教育出版社，2000.

［6］王德春．语言学概论．上海：上海外语教育出版社，1997.

［7］王红旗．语言学概论．修订版．北京：北京大学出版社，2008.

［8］维多利亚·弗罗姆金，等．语言引论．8版．王大惟，等译．北京：北京大学出版社，2017.

［9］伍铁平．普通语言学概要．2版．北京：高等教育出版社，2006.

［10］西蒙·普林．语言的奥秘．余建平，译．北京：中译出版社，2021.

［11］徐烈炯．语义学．修订本．北京：语文出版社，1990.

［12］张树铮．语言学概论．武汉：武汉大学出版社，2012.

［13］赵杨．第二语言习得．北京：外语教学与研究出版社，2015.